시조로 쓴
한량춤
조선상사화

장 욱

문예원

| 글쓴이의 말 |

　금파의 한량춤을 시로 쓰게 된 것은 애미 킴(김애미 무용가, 민속학 박사, 금파춤보존회 이사장, 금파의 따님)을 만나고서였다. 금파가 돌아가신 것도 십수년이 지난 어느 날, 불현듯 잊었던 약속이 떠올랐다. 금파의 따님과 금파의 한량춤이 함께 다가왔다. 글을 써 보자는… 잊고 있었구나. 해야 되겠다.

　춤을 배워 봤다. 어려웠다. 말하기 좋아하는 사람이 온 몸과 정신을 쏟아야 하는 일이 쉬울 리 없다. 여러 논문들도 찾아 읽어 보았다. 수년이 지나 이제 원고를 완성하게 되었다. 완성이라기보다는 끝냈다.

　시집 한 권으로 한량춤을 모두어 넣었다.

　굿거리 장단 자진모리 장단 모두 91장단에 67개의 춤사위가 맞물려 돌아간다. 춤 한 동작에 하나의 시를 밀어넣었다. 금파는 이 춤을 추면서 어떤 생각을 하였을까. 어떤 생성 과정을 거쳐 한량춤이 완성되었을까를 많이 고민하면서 각 시의 시작은 춤의 한 동작(춤사위)과 그 의미를 찾아내는 것이었고, 그 내용은 전주 지역을 중심으로 한 호남의 역사 문화 풍물 등을 시에 담았다.

춤과 시가 만나는 예술적 통합을 꿈꾸었지만 쉬운 일은 아니었다. 금파의 한량춤은 전주 지역에 전승되어 오던 민속 예술춤으로 조선말의 정자선과 그의 아들 정형인, 그리고 금파에 이르러 오늘날 전라북도 무형문화재 17호로 지정된 문화적 예술적 가치를 지니고 있다.

특별히 금파 무용 연구소가 발전을 거듭하고 있는 바, 그의 장남 김무철(전북 도립국악원 학예연구사, 전라북도 무형문화재 44호)와 김지미 선생의 다함 없는 사명감과 노력을 빼놓을 수 없다. 이번 시 작업에 이분들의 아낌없는 협조가 없었으면 불가능했음에 깊이 감사 드린다.

금파의 한량춤과 금파와 그 가족들에 대해 혹시 누가 되는 일이 있을까 걱정되는 바가 크다. 부족하고 실수가 있을 줄로 안다. 무한한 애정으로 채워 주기 바랄 뿐이다.

경자년 신춘
두방 정원에서 장욱

| 차례 |

글쓴이의 말 2

금파 한량춤 8

제1부 굿거리 1~42 장단

1장단 좌정자 숨체
　　　어둠의 끝_ 13

2장단 우족 디딤 우수 반비켜들기
　　　풍류 한량아_ 15

3장단 우족 디딤 몰입체
　　　직소폭포 우에 서라_ 16

4장단 좌족 돋움 우수활 반맴체
　　　금만경 옥빛 물결_ 17

5장단 좌족 디딤 좌수활 반맴체
　　　중산리 입하목, 천년을 서라
　　　_ 18

6장단 우수 들어 꺾음체
　　　볏골 벽골제_ 19

7장단 좌우족 지슴 전진체
　　　들리지 않는 종소리는_ 20

8장단 우족 모둠 몰입체
　　　조선의 마음_ 23

9장단 좌족 돋움 좌우수 평견 맴체
　　　덕진 연蓮_ 25

10장단 우족 디딤 양수 엇갈림체
　　　향교 은행나무_ 26

11장단 좌족 돋움 좌우수 평견 맴체
　　　남천 빨랫터_ 27

12장단 좌우족 지슴 전진체
　　　춤꾼 술꾼 금파_ 28

13장단 우족우수 비켜듬체
　　　천년 숨_ 29

14장단 우수 두상 옴아쥠
　　　만인송_ 31

15장단 우회 멍석말이
　　　거산 앞들_ 32

16장단 좌회 멍석말이
　　　타작 마당 지나_ 33

17장단 우족 좌우수 평견 게걸음
　　　개땅쇠_ 34

18장단 우족 돋움 면경 대삼 지슴체
　　　면경 앞에 서라_ 35

19장단 소삼 지슴체 세치기
　　묵은 찔레밭_ 37

20장단 부채 놀림체
　　늦게 핀 사랑_ 38

21장단 우회 어르기 휘엉체
　　큰 귀_ 39

22장단 양반 맴체
　　절규, 임진란_ 40

23장단 우족 디딤 맴체
　　하늘 제사보다_ 42

24장단 우족 비껴찍고 까치 게걸음
　　태극 바람 속에서_ 44

25장단 좌족 비껴찍고 까치 게걸음
　　태인 선비 안의·손홍록
　　_ 46

26장단 학채 날기
　　하늘문을 열리라_ 50

27장단 우족 우수 맴체
　　꽃감옥_ 52

28장단 우회 휘엉체
　　저정, 저정거리며_ 53

29장단 좌회 휘엉체
　　따당 따당 호허굿_ 55

30장단 우족 우수 두상 몰입체
　　전주 소리_ 57

31장단 학 쪼기체
　　흰 노송_ 59

32장단 학쪼기 지슴체
　　네 박자 외줄 위에_ 60

33장단 학쪼기 우물쭈물체
　　백양꽃, 조선상사화_ 61

34장단 여닫이체
　　앞닫이 검은 나비_ 63

35장단 여닫이체
　　신행길_ 64

36장단 우회 멍석말이
　　남천도 휘돌아 강강술래_ 66

37장단 좌회 멍석말이
　　전주는 조선이다_ 68

38장단 양수 평견 전진체
　　한내 잠긴 뱃길_ 70

39장단 우족 디딤 맺음체 양반 맴체
　　매화꽃 서까래_ 71

40장단 좌회 맴체
　　즈믄 소리 위에서_ 72

41장단 비껴 뛰어 학날개 폄체
　　봄 그리움_ 73

42장단 굿거리 맺음 동작
　　떠도는 자의 풍류_ 74

제2부 자진모리 1~44 장단

1~2장단 우족 우수 맴체
    흠 없는 숫양_ 77

3~4장단 좌족 모둠 우수 당김체
    좌족 모둠 어름체
    장씨산 송대 곰솔_ 79

5장단 우족 디딤 찍어 맴체
    천년 춤_ 81

6~7장단 양반 맴체로 대삼 소삼 걷기
    유수체, 당신의 홑춤_ 83

8~11장단 좌우수 평견 까치체
    인동장씨 효자 정려문_ 88

12~13장단 물레젓기
    금파 한량춤_ 90

14~15장단 우회 큰맴체
    어느 생의 굽이에서_ 92

16~17장단 자진 연풍대
    바다, 그 맑은 눈_ 93

18장단 부채 펴고 돌기
    빛, 광야에 섰도다_ 94

19~20장단 좌우수 평견 까치체
    모란의 뜰_ 95

21~22장단 우수 감아 까치체
    또 하나의 까치 울음_ 96

23~24장단 전진 종종체
    황등교회 사랑의 종_ 98

25~27장단 엇갈림 반맴체
    삼천세우, 분홍안개_ 100

28장단 양팔 들고 맴맴체
    일천 육백 스물일곱
    뼛조각들아_ 102

29~30장단 연풍대 뛰어 앉기
    전주여, 조선을 건너
    백제를 넘어라_ 104

31장단 횡체
    전킨을 기념하여 기전이라_ 107

32~35장단 우수 평견 지슴체
    너 홀로 서 있음이라_ 111

36~37장단 뒷발치며 맴체
    목치기 들치기 연타로_ 119

38~40장단 뒷사선 까치체 제자리 까치체
    드럼치는 소년_ 121

41~43장단 우회 맴맴체 좌회 맴맴체
    샘소리터 풍류로구나_ 122

42장단 자진모리 마지막 동작
    푸른 절망 앞에서_ 124

제3부 굿거리 1~5 장단

1~5장단 비켜 사선 우수 왼발 들기
　　오른손 감기 도포 휘어잡고 돌기
　　앞으로 감은 손 비켜 앞 가리키기
　　모악, 천년을 날아와 _ 127

해설 1　한량춤과 금파　131
해설 2　한국 현대 장편 시조의 한 절정　141

시조로 쓴
한량춤
조선상사화

금파 한량춤

시나위 첫 울림을 바람 앞에 던져라
도포자락 펄럭, 하늘이 열린다
이승의 모서리 까마득한 그리움 우에 흰 빛이 섰다

부채 한 잎 펴들고 몸 깊이 춤을 잣는구나
발 굽이도 팔의 능선도 마음에서 흐르는 소리
무겁게 다시 끊어서 장중한 산맥을 이끌어간다

춤의 물레를 돌려라 한 생을 회돌아
찍어 디딤은 전진을 향한 지슴
영원의 이름에 잇기 위하여 더 깊은 묵상

내가 나에게 안겨 얼마나 따뜻하면
허튼 몸짓들이 저 달빛 우에 선 춤이 될 수 있을까
너에게 다가가 봄꽃을 피우는 햇볕이 될 수 있을까

맺힘도 폄도 내 아픔의 씨아들이
삐걱삐걱 돌아가며 뽑아놓은 흰 실타래
꿰매고 엮고 깁고 맞추는 천년의 하루

빗방울 소리 발디딤 눈빛 하나에도
영롱하게 밟히는 풀숲의 부르짖음
흰 댄님 풀어 벗은 맨발은 어느 슬픈 사랑 위에 다시 섰나요

춤은 내 영혼의 고치를 벗는 나신
물레를 젓고 젓어 돌고 돌아 이르는
나 아닌 나 저 공중 나는 새 들에 핀 흰 백합 한 떨기[1]

---

[1] 찬송가 588장의 내용 참조.

제1부

굿거리 1~42 장단

어둠의 끝

굿거리
1장단

좌정자 숨체*

찰라, 꽹과리가
어둠의 끝을 부순다

남도 시나위
속울음을 터트린다

금파류 전주 한량춤[1]
목숨 한 가닥을 깨운다

바람도 홀로 선
이승의 모서리

생과 사 고독의
검광 위에 직립한 홑춤

시작은 멈춤, 한 점 호흡

---

* 금파의 한량무 춤사위 및 해설(김지미 선생 제공).
1) 전라북도 무형문화재 17호로 지정.

좌정자 숨체

격포 지는 해가
첨벙 멎는다

켜켜이 쌓인
만권의 책 역사의 눈

채석강 단애 높이 섰구나
조선의 선비여

풍류 한량아

굿거리
2장단

우족 디딤
우수 반비켜들기

태평소 쇠나팔
격한 울림 속에
동진강 깊은 고뇌
푸른 술띠를 묶어 매고
흰 도포 큰 갓 쓴 풍류 한량아
우족 디딤으로 서서

어디를 보는가
어디를 향하는가
들끓는 생각도
겹겹이 겹쳐 접어
합죽선 한 줄기 눈빛으로
비켜 든 그리움인데

생의 바큇살이
엇갈림체로 돌고 돌아
하늘이요 땅이요
혼돈의 바람이거니
발 끝에 이르러서야
춤은 시작될 뿐

직소폭포* 우에 서라

굿거리
3장단

우족 디딤 몰입체

마음이 청결한 자
직소폭포 우에 서라
흰 동정 흰 두루마기로
남루를 갈아입고
한없이 나를 던진 자만이
푸른 목숨을 건지는구나

거룩한 땅이니
갓신을 벗으라
용소 깊은 물 속을
울려 오는 큰 폭포 소리
세상에 가장 먼저 닿아
맨발로 서라

당신은 어느 하늘 끝을 디디고 섰는가
사랑도 그리움도 다 담아 내놓고
춤사위 한 소절 노을빛으로 불타고 있는가

* 높이 30미터, 변산반도 국립공원 내에 있는 변산 8경의 하나.

금만경* 옥빛 물결

**굿거리
4장단**

좌족 돋움
우수활 반맴체

청춘 붉은 태양
부숴진 꿈 별빛들도
제 안으로 자전하여
나의 나 됨에 이르렀거니
선인봉 어깨 능선을 타고
내려앉은 금만경

겹쳐 누운 먼 들
검어도 옥빛 물결
텅 빈 바람 속
흰 무릎 찍어 세우고
우수활 굴신 굴신 감아 돌아
사랑을 부르는구나

* 호남평야 넓은 들.

중산리 입하목, 천년을 서라

**굿거리
5장단**

좌족 디딤
좌수활 반맴체

왼발 앞으로 내딛어 이 땅에 천년을 서라
쑥국새 울음 고운 능선을 긋어
중산리 여름 입하목[1] 이팝나무 흰 꽃 피는구나

왼손 들어 올려 반맴체로 감아 잡아
안아야 할 큰 사랑은 무색 바지 저고리
하얗게 꽃 피어 모두어 선 백성들의 여윈 삶

뻐꾸기 새끼도 배고픈 한나절
보리 베고 돌아 서서 모심는 품앗이
흰 쌀밥 복자 그릇[2] 고봉으로 허기를 채우시게

---

[1] 전북 고창군 대산면 중산리 천연기념물 183호.
[2] 福자가 문양된 그릇.

볏골 벽골제*

**굿거리
6장단**

우수 들어 꺾음체

지나가는 장단도 한 박 쉬어 잠겨라
엄뫼 진달래꽃 실뿌리 끝에서부터
두월천 물소리들의 초록을 담아 긴 쉼

흙 털어 쌓이고 짚신 던져 메운 신털뫼
일꾼들을 오백 명씩 되로 잰 되배미
일만의 지게 작대기들이 다 모여 다져도 허물어지는 역사

말의 푸른 뼈를 갈아 토층에 짱박았던 것이었을까
밀려오는 서해 조수 푸른 파도의 넋을 묻고 묻었던 것이었을까
하늘 끝 막아 선 천팔백 보 큰 둑 볏골 벽골제

우수 높이 뚝, 세월을 꺾어 든 멈춤에서
만이랑 접혀진 황금 들녘을 펼쳐라
백제의 비류, 오랜 잠을 깨워 장생거 수문을 열라

* 전북 김제에 있는 한국에서 가장 오래 된 저수지, 벽골제 설화가 전해 옴.

들리지 않는 종소리는

굿거리
7장단

좌우족 지슴 전진체

허물어진 조선
전주부성[1] 성곽 터
서문 교회당
옛 종각 위에 섰거니
들리지 않는 종소리는
더 가슴 깊이 울린다

대동아전쟁 하늘
일제의 공출로 끌려가
어느 전장 공허한
탄환으로 흩어졌을까
오늘은 울지 말고 부서져라
뼈도 살도 없이

사마교[2] 다리 건너
입하화로 꽃 피었는가

---

[1] 조선 영조 때 복원된 전주의 옛 성 지금은 일제에 의하여 허물어지고 없음.
[2] 신흥학교 자리에 있었던 향교, 사마재를 가는 다리 지금의 다가교.

전주천 질곡의
물굽이를 휘돌아
다가산 검은 절벽 끝을
디디고 섰는가

흰 넋 씻어 어린
물그림자 깊이
사선 긋어 지수는
흰 버선코 발 끝에 묵상하라
오른발 왼발 대삼 소삼
종종걸음으로 전진하라

선비여, 전주 합죽선
부챗살 마디 마디
먹물 한 방울 속에
뚝, 뚝 맺힌 맹약
행간에 쌓이고 쌓인
그리움을 펼쳐 들어라

황학대[3] 다가사후[4]

---

[3] 조선 숙종 26년 관찰사 김시걸이 창건한 서원 희현당이 자리한 곳.
[4] 전주 8경의 하나.

태극 과녁, 붉은 눈
흰 도포자락은
고도古都의 비늘을 일으킨다
내 영혼 맨가슴에서
날개를 퍼득인다

조선의 마음

굿거리
8장단

우족 모둠 몰입체

멈추어라 고요하라
신흥학교 희현당[1]
생원 진사들
지조 높은 경학도
유연대 붉은 노을 큰 외침
그늘 속에 묵상하라

용머리 고개 대장간[2]
세월도 멈춰 끓는 쇳물
대 이어 담금질한
긴 목숨 푸른 칼날
위에 선, 조선의 마음
선비의 눈

---

[1] 희현당은 전라감사 김시걸(金時傑)이 1700년에 창건한 樓亭으로 유생들의 학당으로 사용된 곳이다. 1738년에 다시 짓고, 1907년 신흥학교 교사로 사용되다가 소실되었다(전주역사박물관 이동희). / 서원의 양상을 띈 것으로 숙종 26년 관찰사 김시걸이 황학대 기슭인 옛 사마재 터에 창건한 학당(『전주신흥고등학교 90년사』).

[2] 전주시 완산구 서완산도 용머리고개에 1956년 처음 문을 열고 대를 이어 운영하고 있는 광명대장간, 전주미래유산 37로 지정됨.

한량의 춤

바람 앞에 서면 떠돌이 순례자
햇빛 속에 서면 맑은 눈 예언자
사람들 가슴에 서면 뜨거운 불꽃

덕진 연蓮

굿거리
9장단

좌족 돋움
좌우수 평견 맴체

왼발 찍어 돌아
두 활개 쭉 펼쳐라

가련산 겨드랑이 젖어 덕진 연꽃 높구나 건지 향촉 바쳐 든 푸른 영원 위에 한 점 찍어 올린 심청의 붉은 눈, 돌판에 새겨 오랜 석정 싯구 구절 구절을 흰 명주실 꼬아 엮어 가얏고 열 두 줄에 마디 마디 튕귀는구나

저만치 가인 김병로[1]
법조문 두루마리가 높다

---

[1] 제1대 대법원장.

향교* 은행나무

굿거리
10장단

우족 디딤
양수 엇갈림체

홍살문 지나서
만화루 지나서
일월문 지나서
수수백년 세월 앞에 서다
조선의 눈빛으로 타올라
오직 푸르른 은행나무

누구의 사랑이 머문 자리이길래
그토록 땅 끝까지 뿌리 깊이 서서
구름도 빗발도 씻어 내리고 하늘에 닿았는가

내가 나에게서
벗겨나는 몸짓
바람결엔 듯
설핏 피어나는 춤사위
또 한 잎 영원이 영원에
잇대어 맑은

* 전주 향교.

남천 빨랫터

굿거리
11장단

좌족 돋움
좌우수 평견 맴체

오른 발 비켜 찍고
투구봉에 올라라

   남천[1] 물자락 속에 잠긴 그윽한 그늘 아낙들은 무엇을 빨아 널었을까 내 마음에 드리운 하늘 색고운 구름을 길어 올려 먼 그리움을 두들겨 패댕이쳐 보았을까 꽃가마 낙화하던 각시바우 서방바우 엉겼다[2] 풀려온 바람 한 자락을 쭉 찢어 파랑지 깊은 여울에 휘젓어 보았을까 물 속 혼백의 넋을 빨아 희고 고운 날빛으로 표백할 수 있었을까 세월은 이끼 속에 푸르거니 싹둑 잘라내지 못한 첫사랑의 지긋한 눈빛을 탈탈 털어 말려 본들 다섯 간 홍교[3] 다리 난간에 걸쳐 웃고 있을 뿐

   좌우수 평견 맴체로, 내 가슴
꽃밭을 밟는 붉은 버선발

---

[1] 전주의 남쪽 한벽당 밑을 흐르는 전주천.
[2] 전승되어 오는 설화(전주역사박물관 '전주의 지명 및 전설').
[3] 전주천에 있었던 옛 다리 중의 하나, 무지개다리라고도 함(전주역사박물관 '고지도로 본 조선시대 전주천의 다리').

춤꾼 술꾼 금파

굿거리
12장단

좌우족 지슴 전진체

박을 놓쳤다 장단을 빠져나와
술판에 젖었다 허드렁거리며
노송동 검은 골목을 찾아 들어선다

세상이 비틀거린다 가로등 아래 흩어진 불빛 속에서
헛발질로 허튼춤이 맥을 못춘다
정자선[1] 정형인[2] 스승의 발길에 채여 넘어진다

잊음이 아니요 버림이 아니요
지움이 아니요 돌아섬이 아니요
한량춤, 전주의 춤이 대를 잇어 내 안에 있음이니이다

일어서라 우뚝 서라 멈춤은 멈춤이 아니니
한 획 긋어 몰아쉰 숨통을 터트려
우루루 대삼 소삼 종종걸음으로 전진하여 세상을 열어라

---

[1] 조선후기 전북지역 재인계 춤의 대부(이병옥 교수 무용평론가).
[2] 정자선의 아들로 전주농고 시절 금파의 춤 스승.

천년 숨

굿거리
13장단

우족우수 비켜듬체

춤은 나의 땀나는 노동 위에 있다
숨이 막혔다가 돌아오는 길목
씁쓸한 입냄새 속에서 삶이 지핀다

뱉어낼 것은 간절한 속삭임
속 쓰림에 젖어 밤의 뿌리가 깊다
누운 달 머리맡에 흰 버선발로 섰다

나는 나에게 머물지 않으리
나의 춤은 나를 남겨 놓고 나를 떠난다
나만의 몸짓도 나만의 업도 꽃잎 모두 흩날리며

쓰레기를 태워 불빛은 높이 곱다
내 영혼을 건져 올려 춤의 날개가 퍼득인다
사색의 골짜기 아픔의 꽃덤불을 지나

불빛 위에 서리 그 불빛 위에 다시 서리
붉게 타오르는 시편들의 고혹한 눈물
백제의 먼 향기 속에서 날아드는 흰 학들의 맨발

가는 발모가지를 번쩍 들어 올린다
부채를 뒤비켜 학 날개를 펼친다
어른다 부리를 내젓어 세상을 쪼아본다

잊혀짐 속에 썩어 흙 따습게 눕지 못하고
황금빛 기침 소리로 결빙된 채 모로 선
전주의 눈, 시간의 낟알들이 천 년 숨을 쉰다

만인송

굿거리
14장단

우수 두상 옴아쥠

부채 들어 올려 어깨쭉지 날개가 넓다
접고 산 마음을 펼쳐라 창공에 던져라
만경대[1] 솟은 봉우리 만인송[2]으로 우뚝 찍어 서라

반곡천 남고천 대리석 바닥에
휘몰아쳐 새겨진 줄기줄기 낮은 삶
서학동 사람들의 이야기에 더욱 푸른 당신의 귀

검은 듯 붉은 듯 휘돌아 멈춘 듯
모든 사람들의 마음을 껴안아
오롯이 옴아 쥔 큰 가슴 큰 선비 큰 사랑

---

[1] 남고산성을 잇는 산봉우리 중의 하나.
[2] 만경대에 있었던 소나무, 지금은 없음.

거산 앞들

굿거리
15장단

우회 멍석말이

멍석을 말아라 멍석을 펼쳐라
멀리 뿌려 던진 도포자락 끝선에
들판이 열린다 물댄 동산 빛이 충만하다

뜨겁게 끌어안은 숨소리들이 알차다
바람 한 점도 끌어 모아 치열한 고요
황금빛 낟가리들의 꿈이 십리나 들어찼다

어느 햇살을 깔고 한나절 널어 말린들
단단해짐으로 익어가는 아픔
온전히 나에게 묻고 묻어 아침 맑은 눈을 뜬다

피향정[1] 큰 기둥에 묶여 닻을 내린 거산 앞들
광활한 대지, 땅은 싹이 나고 열매를 맺되
이삭에 충실한 곡식이라 추수 때가 이르렀음이라[2]

---

[1] 정읍 태인에 있는 정자 보물 289호.
[2] 「마가복음」 4:26~29 말씀 참조.

타작 마당 지나

굿거리
16장단

좌회 멍석말이

너 가슴을 모아 오른 팔 감든지
나 허리를 틀어 왼 발을 풀든지
멍석을 깔아라 큰 들을 출렁이게 하라

타작 마당 지나
태양을 향하여
짚가마니째 풀어
한 짐 쏟아 놓은

민가슴
햇나락들의
투명한
눈빛 속에는

토방 아래 붉게 타다 남은 해거름
담아 쌓아 놓지 못한 말씀들이 한 가마니
깨끗한 마음들이 희게 벼꽃 피어 서마지기

개땅쇠*

굿거리
17장단

우족 좌우수
평견 게걸음

앞도 뒤도 뙤똥허니
어칠버칠 살다가
검은 세월 뻘 속에
처박힌 내 영혼
전라도 개땅쇠 막춤들이
곳게, 꽃게걸음이었소

심포항 등대 불빛
깊은 고요 속에
찢긴 별들의 시선
그리움이 째려 이우는데
엇갈려 접고 접는 쪽편지
망해사 풍경 소리

* 갯땅에 사는 민중들.

면경 앞에 서라

**굿거리
18장단**

우족 돋움
면경 대삼 지슴체

갈매빛 솟은 모악
전신갑주를 벗고
원평들 맨살에 섞여
울부짖는 폭풍 속에서도

오른 발 우뚝 찍어라
짓수구려 멈춰 서라

내 삶의 가장자리
휘몰아치는 혼돈
흰 도포자락
거친 펄럭임을 접고

부채를 펼쳐, 나를 보라
면경 앞에 서라

나는 누구인가
누구의 가슴인가

어느 하늘 울타리
붉은 꽃 향기를 던져
뎅그렁 - , 조선의 긴 잠을
깨울 수 있는가

묵은 찔레밭

굿거리
19장단

소삼 지슴체 세치기

오른 발 밀어치기
다시 당겨 모아치기

나는 어디에
멈추어 서야 하는가

들었던 발걸음 어느 바람에
던져야 하는가

묵은 찔레밭
가시덤불 속에서도

한걸음씩, 희게
희게 찍어 꽃피어

하늘에 닿거니 아프다
당신의 향기

늦게 핀 사랑

굿거리
20장단

부채 놀림체

부채 놀림체로
짜구망치 찍어
저녁놀 늦게 핀 사랑
하늘 단청 다듬어 보세

내 가슴
한쪽을 좇아
곰소 흰 염전
붉어지도록

때로는 뒷걸음질치는 것

대삼 소삼 종종체로

멀찍이 물러 선 두방리 큰 소나무

흰 눈을 맞네, 붉은 몸을

찬 하늘에 기대어

큰 귀

굿거리
21장단

우회 어르기 휘엉체

한 바퀴 휘돌아 세상을 보자

큰 귀 파랗게 솟아오른 마이산

들을 귀 있는 자 들으라 쫑긋 쫑긋 어르는구나

마음이 마음 위에 올라선 탑사의 돌들

어느 가슴에서부터 무너지는 소리 들릴까

봄 늦게 청실배꽃[1] 지는 흰 꽃잎 무게만큼이나

---

1) 진안 마이산 은수사에 있는 나무.

절규, 임진란

굿거리
22장단

양반 맴체

나는 적장의 투구를
너는 머리통을 꿰뚫었으니
왜적들의 피로 물든 피바위[1]
우리 군사들의 끓는 피는 더욱 깊이 아로새기고
인월리 황산대첩, 마구 뛰는
말굽 소리로 돌아 든 속금산[2]

한갓 왕조의 꿈[3]으로
솟아 올랐다드냐
암놈도 숫놈도
한 뿌리로 용틀어
지리산 천황봉까지 뽑아든
백성들의 절규였다드냐

임진년 왜란, 곰티재

---

[1] 전북 남원시 인월면의 남천내에 있는 바위, 고려말 이성계가 왜구 아지발도를 화살로 맞혀 죽게 하니 그 피가 바위를 물들여 피바위라 하는 설화가 전해옴(디지털남원문화대전/이병담).
[2] 전북 진안에 있는 마이산의 다른 이름.
[3] 조선왕조 이성계의 꿈.

웅치전투를 보라[4]
화살이 다하여
백병전으로 순절한
의병장 황박, 김제민의 아들 김안
조선 선비로 다시 서라

전주 동북 대둔산
이치전에서 승리

안덕원 뒷산 도당에 진을 치고 군사를 모아 위장전술로 전주성을 지켰노라 조선 제일의 곡창 호남이 보존되고 7년 전쟁의 승리였으니[5]

의병장 이정란의 기치를 꽂아라 핏빛 햇불을 들어라

---

[4] 임진왜란을 승리로 이끌게 한 웅치혈전, 임진란과 이치대첩(조병희).
[5] 전주성을 방어한 의병장 이정란(조병희).

하늘 제사보다

굿거리
23장단

우족 디딤 맴체

평지리 이팝나무[1] 큰 그늘에서 묻다
당신의 춤은 어느 생을 돌아와
누구의 손 끝을 흘러 바람이 되는가

어깨를 들썩여 허공 중에 내뱉는
뼈아픈 기억들이 그리움의 필치로
손목을 들어 꺾고 멎고 긋어댄 향기

꽃가지 끝에 이르러 봄빛을 놓아라
남은 자 떠나지 못한 눈을 떼어라
가슴에 틀어박힌 가시는 묵묵히 품어라

오른 발 내딛어 깊은 춤이 되어라
발 끝에서 날개가 돋고 먼 구름을 불러
흰 꽃이 핀다 내 안에 사무치는 부르짖음

---

[1] 전북 진안군 마령면 평지리 마령초등학교 운동장 주변에 서식하고 있는 천연기념물 214호 이팝나무군.

평지리 이암나무는 꽃 피어 답한다
흰 밥 쌓아 올리는 하늘 제사보다
애장터[2] 아기사리 위에 향을 높이 피워라

---

[2] 위 이팝나무 숲에 죽은 어린 아이를 묻은 애장터였다고 전해오고 있음.

태극 바람 속에서

**굿거리
24장단**

우족 비켜찍고
까치 게걸음

너는 만경강 돌게 걸음
나는 삼례뜰 참게 걸음

오른 발 비켜 찍고
오른 발 들어 찍고

세엣 넷 까치채 걸음으로
비비정[1]에 오른다

일제의 미곡 수탈
검은 화물열차
으르렁 가슴을 치던
황금 들녘, 붉은 저녁놀
조선의 태극 바람 속에서
기러기떼 불러라

명인 강동렬[2] 친구

---

[1] 완주 삼례 한내변에 자리하고 있으며 비비낙안이라는 전주 8경 중 하나임.

가야금 산조 농부가로
흐흥 춤을 추어 보자
도포자락 흰 한량들아
용마루 높이 달빛 우에
학 날개를 펼쳐라

---

2) 가야금 산조 연주자.

태인 선비 안의·손홍록

굿거리 25장단
좌족 비켜찍고
까치 게걸음

다시 돌아 팔은 사선 편 채로 엇갈려라
하늘 땅 태양 삼색 소용돌이 속에서
우주의 중심꽃, 조선 한량춤 똑바로 서라

왼 발 비켜 찍어 검은 구름 걷히어라
왼 발 다시 왼쪽 찍어 조선의 바람 펄럭이어라
임진년 안의와 손홍록 충절을 하늘 하늘 펼쳐라

태인의 두 의사 안의安義 손홍록孫弘祿은 임진년 벽두(1592. 6.3.) 왜란 중에 가동家僮 10여 명을 이끌고 전주부성 경기전에 당도하여 조선 실록과 태조 어용을 이안하지 못하고, 금싸라기 같이 귀중한 19일 동안을 머무적거리고 있는 참봉 오희길과 유인 등을 설득하여 짐을 꾸리니 본조문기本朝文紀 30여 태駄요, 고려사기문과 기타 전적 등 20여 태의 분량, 또한 별도의 태조 어용도 옮겨야 했으니

실록은 내장산 은봉암에 이안(선조25년 6.22) 했다가 비래암(7.14)에 이안하고, 어용은 실록보다 아흐레 지난 뒤 용굴암(7.1)에 이안한 뒤 비래암(9.28)에 다시 이안했도다.

안의의 실기實記로 전해 내려오는 난중일기에 당시의 실정

을 밝혀내게 되니 의문이 씻은 듯 풀렸다고 조병희는 기록하고 있다.

실록과 어용이 조정의 하명을 좇아 다음 해 선조 26년 (1593) 7월 9일부터 육로인 정읍, 태인, 이성의 폐현, 익산의 금마, 용안을 거친 후 백마강을 건너 임천, 은산, 정산, 온양을 경유하여 19일 아산의 객사에 도착했으니 11일 동안의 여정이었네.

실록을 옮기는데 시종여일 배호陪護한 후 하루도 뜨지 않고 수직(임진 6.23.~계사 7.10.까지)한 사람은 안의, 손홍록 두 사람으로 둘이 함께 수직한 날도 있고 서로 번갈아가며 단독으로 수직한 날도 있다.

두 의사는 임진 6월22일 전주를 출발 정읍 내장산에 들어가서 6월23일부터 수직하고 있었는데, 계사년 7월9일 실록과 어용을 정읍현 객사에 옮기고 나서 이튿날 7월10일 정읍현 객사에서 수직했으니 7월11일 아산으로 출발한 전날인 7월10일까지 은봉암, 비래암 정읍 객사에서 수직한 일수는 총 370일 안의 단독 174일, 손홍록 단독 143일 함께 수직 일수 53일 이렇게 안의安義 227일 손홍록孫弘祿 196일을 지켜내었다.

두 의사는 아산을 출발하여 수원 가소을지로에서 21일에는 남양 다발리에서 22일에는 인천 비도에서 23일에는 부평 부내에서 24일 25일에는 강화부내에서 유숙하고 계사년 8월8일에는 강서현에서 두 의사의 연명으로 중흥육책을 봉정奉

물하고 나서 8월 23일에는 안의는 선교랑宣敎郞 활인서活人署 별제(6품)로 손홍록은 선무랑宣務郞 사포서司圃署 별제로 각각 직품을 얻었으나 고향에 돌아와서 후방 일을 서둘러야 할 일이 많았으니 부임하지는 않았을 것이요.

안의와 손홍록은 같은 고향 태인 사람, 일재 이항의 문인으로 두터운 우정이어서 서로 그리매처럼 따랐다네.

손홍록이 실록과 어용을 이안할 목적으로 강화부에 머물고 있을 때 연상인 안의가 병을 얻어 집으로 돌아갔어라.

안의와 헤어진 손홍록은 이듬해 정유년 정월 21일 수복 한춘과 더불어 어용을 짊어지고 강화부를 출발하여 뱃길로 자령도와 광엄도를 경유한 다음 청천강을 거슬러 올라가 안주에 도착한 후 어용을 객사에 권안權按하고, 때에 해주목에 이관되었던 실록도 안주에 도착하여 5년만에 다시 한 장소에서 재회하게 되었다오.

안주에 머물고 있던 손홍록은 지방 고로들의 의견을 좇아 한춘과 더불어 영변에 들어가서 실록과 어용을 묘향산 별전에 봉안하고 보현사 승려들과 윤번으로 수직했다.

오늘의 실록은 전주 사고 실록각에서 구출된 유일한 저본에서 사출된 것으로 손홍록과 안의 두 의사의 공덕이라 하겠다.

두 의사가 태어난 곳은 태인으로 고현내에는 일찍이 불우헌 정극인이 1475(성종6)에 향음주례를 입약立約하여 향약을 실시하였으니 우리 나라에 있어 향약 제도의 효시라 하겠다.

오늘에도 고현내에는 그 때부터 이어오는 향약소와 향약이 보존되어 있다. 정극인은 또한 국정성패에 관한 4조와 민생고 해결에 관 4조를 주상하여 성종의 은총을 입게 되자 왕은에 감동한 나머지 불우헌곡 7장과 단가, 시가 등을 지었으니 상춘곡은 우리나라 가사문학에 큰 영향을 끼쳤다.

또한 성종 때 세운 사액 무성서원은 한말의 일본 횡포에 항거한 면암 최익현이 창의한 곳이기도 하다.

태인 고을은 신라 말엽의 충신으로서 태인 태수를 지낸 고운 최치원을 비롯하여 정극인, 이항을 잇는 인맥을 통하여 충렬과 행의와 문장으로 다져진 고장이었다. 두 의사는 이항의 문하로서 손홍록은 12세 대 이항의 문하에서 도학과 문장을 연마했고, 안의 역시 일재 이항의 문하에서 절의와 학행으로 중망을 모았다.

그러한 고장에서 성장했으니 기절과 학행을 생명처럼 여기고 자랐음은 의심할 여지가 없다.[1]

한량춤 도포자락은 역사의 숨결을 폈도다
절의에 찬 선비의 매서운 눈빛이어라
하늘도 땅도 깨끗이 씻어 큰 부채 펴 들라

---

[1] 왕조실록을 보전하는 데 특훈을 세운 안의 · 손홍록(조병희, 『완산고을의 맥박』) 원문 발췌 인용.

하늘문을 열리라

**굿거리
26장단**

학채 날기
—고 정형인 선생
특유의 연풍대

당신의 가슴이
뜨겁지 않고서야

겨울 빈 들
찬바람 속에
발모가지를
디딜 수 있을까

하늘을
향한 꿈으로
한 점
학이 될 수 있을까

정여립[1]의
퍼런 검무도
하늘을

---

[1] 선조 때 기축옥사 사건으로서 '천하에는 일정한 주인이 없으며, 누구라도 임금이 될 수 있다'고 주장하던 혁신사상가 **정여립**이 반역자의 누명을 쓰고 처형됐다(『이이화의 인물한국사』 재인용).

베지 못하고

김개남[2]의
붉은 열혈도
남조선을
개벽하지 못하였음에

한평생
춤사위로 타올라
하늘문을 열리라

마음에서 마음에 닿는
깃털 하나까지
꽃들아 태양 아래
뜨거운 약속들까지
사랑에 이른 아픔까지도
다 써서 춤이 되자

---

[2] 동학농민혁명 때 매천 황현의 글을 인용하여 '김개남이 남조선을 개벽하다 는 뜻의 이름으로 바꾼 내력을 ~ 쓰고 있으며, 봉건 모순을 타파하기 위하여 열혈에 찬 행동을 보였고 불꽃 같은 삶을 살았다(『이이화의 인물한국사』 재인용-).

꽃감옥

굿거리
27장단

우족 우수 맴체

꽃·감·옥·에·갇·혀·산·생·은·귀·향·살·
이·고·독·한·선·비·합·죽·선·한·잎·펴·들·
고·흰·달·부·푼·가·슴·을·가·리·워·섰·는·가

그 부채 역사의 깊은 숲 그늘도 제껴 보시오

남천 제월당 달빛을 씻어 내려 오목대 밑을 지나 모래내 깨끗한 모래벌 살을 섞은 물 우에 도마다리 건듯 스쳐 소리개재를 넘으면 말씻내라는 작은 시내가 흐른다오. 세마천이라고 하고 그 들을 세마평이라 한다네. 동쪽 그늘 속으로는 조선 태조의 넷째 아들 회안대군의 묘가 있는 역사의 늪. 그곳에서 흐르는 물이 임진왜란 때는 피로 물든 전마를 씻은 곳이라 하여 말씻내라 내려 흐르고 있네.[1]

별들은 그 꽃감옥 영혼들의 한을 부수어 들판에 냇물 우에 우우 떠돌아 비추리라

---

[1] 임진왜란 때 전마를 씻은 격전지 세마천(조병희, 『완산고을의 맥박』) 내용 참조.

저정, 저정거리며

굿거리
28장단

우회 휘엉체

당신의 발 띔 하나에
우도 농악[1]이 땅을 울린다
호남평지를 휘돌아
우금산성[2]을 뽑아든다
주류성, 백제의 아침이여
황금빛 전신갑주를 입으라

복신 도침 흑치상지[3]도 유민들을 데려와
흰색 한복에 붉은 덧저고리를 입어라
빨·노·파 삼색 어깨띠를 매고 굿을 쳐 보자

사십팔 소박으로 입암산 너머 해가 지고
오채질굿 오십오 혼박으로 월영봉 달이 뜬다
유지화[4] 쇠잽이 부포놀음에 천년 밤이 허물어진다[5]

---

1) 전라북도 무형문화재 제7-2호 정읍지역에 전해지는 정읍농악, 서부평야 지대 호남우도농악에 속함.
2) 전북 부안군 상서면에 있는 백제가 나당연합군에 맞서 싸운 최후의 항거 거점.
3) 복신 도침 흑치상지는 백제부흥 운동의 주역들.
4) 정읍우도농악 보존회장 부포 상모놀음이 일품 전라북도 무형문화재 제7-2호 (『정읍신문』).

옛적 우리 아버지 상쇠잽이로 째앵재쟁
누렇게 산두밭 익어가던 서자리 농악
굿터굴 지나 학동 정문 배롱꽃을 디어지게 피워 놓았지

신선봉 서래봉 연지봉[6] 저정, 저정거리며
소고춤을 추어라 꽃고깔 쓰고 단풍 들어라
열두 발 상모를 휘돌려라 섣달 눈보라 속에

---

5) 정읍 농악의 특징 및 구성(출처 : 호남우도 정읍농악).
6) 내장산 봉우리들.

따당 따당 호허굿[*]

굿거리
29장단

좌회 휘엉체

당신의 장단을 빠져나와 따당 따당
허튼 가락 부들 상모 양순용[1] 쇠잽이는
푸지게 굿을 치는구나
좌도 하늘 울리는구나

쌍치 복흥 천담 어치 섬진강 잔물굽이들은

강천산 회문산 벌건 빨치산들의 눈초리로 쌍스럽게 매대
매죽리 구절초 꽃밭에 하늘도 땅도 뒤집어지게 채상돌리다가

필봉에 당도허여 좌도 농악 앞굿을 치는디

쇠를 죽여라 살려라 징수야 끝수야
징소리를 꺾어 울려라 곡절 많은 한 세상
노고단 너머 붉은 매 산수유 꽃대 높여 피워라

---

[*] 임실필봉농악 중요무형문화재 제11-5호.
[1] 임실필봉농악 중요무형문화재 제11-5호 전승자로 지정된 예능보유자 농악인.

좌도굿은 호허굿 호허 호허 소리쳐라
쇠잽이들은 하늘을 쳐 못비를 내려라
줄줄이 장구잽이들은 땅을 쳐 곡창을 열어라

전주 소리

굿거리
30장단

우족 우수
두상 몰입체

금파 한량춤은 전주부성 풍남문으로 우뚝 서라
추녀 높이 팔 들어 세상을 호령하라
네 박자 숨을 멈추고 전주 소리를 들어 보아라

새벽 불꽃을 피우는 남부시장 사람들
툭, 툭 두고 온 삶의 토막들까지 던져
한 조각 내 생 남길 것도 없이 불태우는 큰 외침

느티 괴목 경기전 푸른 그늘의 묵상
전주 한지 종이옷 패션쑈[1] 여인들의 발걸음
홍살문 붉은 감옥에 묻히는 흰 고무신 소리 들었는가

검정치마 흰 저고리 기전여학교 학생들
손으로 그린 태극기 품 속에서 피어난
기미년 삼일운동 꽃다운 만세 소리[2] 들리는가

---

[1] 진동규 시인이 전주시 예총회장 할 때 전주 한지로 만든 종이옷 패션쑈를 하였음.
[2] 기미년 3월 13일 기전의 딸들은 비운에 돌아가신 고종 황제의 명복을 비는 뜻으로 모두 상복으로 갈아 입고~마지막 손과 손을 붙잡고 죽기를 각오한 기전의 결사대들은 자신들이 밤잠을 자지 않고 만들었던 태극기를 한아름 안고 쓰개치

마를 둘러 쓴 뒤 즉각 남문 밖에 이르러 노도처럼 밀려오는 남자들(주로 신흥학생들과 기독교인)의 만세 시위대와 합세했다. 때마침 남문 주위는 전주 장날이어서 수많은 장꾼들이 몰려 혼잡을 이루고 있었다. 거리는 삽시간에 만세 군중이 쇄도하면서 하이얀 치마 저고리에 머리에는 흰 끈을 질끈 동여맨 기전의 처녀들이 아무런 두려움도 없이 나누어 주는 태극기와 독립선언서를 받아들고 너나 없이 따라서 '대한독립 만세'를 목이 터져라 외쳤다(주명준·정옥균 편저, 『전북의 3.1운동』, 전북인권선교협의회, 2001).

흰 노송

굿거리
31장단

학 쪼기체

헝크러진 도포자락 펄럭임 속에서
희고 고운 학의 날개를 펼쳤기로손
하늘을 날아오르는 것만이 능사가 아니다

다소곳이 접어 내려앉는 침묵
서걱임조차 결빙된 겨울 삼천천
긴 목의 간구로 허리 구부린 흰 노송

보고 싶은 얼굴 쪼아 보고 싶은 이야기
물 면경을 한참 들여다 보고 섰으면
바보야, 그게 너구나 너의 세월이구나

네 박자 외줄 위에

굿거리 32장단
학쪼기 지슴체

하나 둘 세엣 넷 네 박자 외줄 위에

혼자 서야 하는 우리 생은 모두 다 홑춤

나에게 기대어 울고 나에게 돌아가 웃는

백양꽃, 조선상사화*

굿거리
33장단

학쪼기
우물쭈물체

긴 목 가는 다리
소삼소삼 껀중껀중
핏빛 꽃발로
콕 콕 찍어 갈까요

빈 가슴
빈 허리만 남긴 채
우물쭈물
돌아 설까요

우리 사랑은 늘
뒤돌아 있었네
덥석 껴안지 못하고
붉게 깨물지 못하고

백양꽃

---

* 전북 지역 모악산 등 깊은 산골짜기에 자생하는 붉게 피는 토종 상사화, 처음 장성 백양사에서 발견되어 백양꽃이라고도 함.

조선상사화
목까지 차오른
통증으로

청춘의 그늘
검은 골짜구니
먹방 속에서
석유 등잔 쌔하게

호롱불
심지 돋우듯이
붉게 눈뜬
꽃대 하나

앞닫이 검은 나비

굿거리
34장단

여닫이체

왼발 벌려 딛고 오른손은 머리 위
왼손 비켜 어깨 높이 손바닥은 위로 농문을 연다
명주베 모시베 외올베 등짐 져 보낸 농지기 세 필

시집가 잘 사는 것 분지 복이지만
시름 시름 가는 실 뽑아 씨줄 날줄 엮어 짠
어머니 눈물숭어리 켜켜이 접히고 묻힌

봉황자수 횟대포로 분단장한 아낙의 방
백동 경첩 들쇠 고리[1] 먹감나무 반다지
꿈에 본 아버지 큰 기침에도 날지 못하는 앞닫이 검은 나비

---

[1] 반다지 앞면에 장식하는 장식품들.

신행길

굿거리
35장단

여닫이체

세엣 넷에 밀어, 닫지 말라
오른 손 다시 들어
여닫이문을 열어라 큰 숨을 쉬어라
별들의 꽃무늬 가득한 우주를 안아라

늦봄 들바람 속에
피고 지는 돛단배
붉은 가마 한 척
둥 둥 떠 오는 신행길
녹원삼 다홍치마[1] 징궈서[2]
남색 안치마 새싹 돋는구나

먼 길 쑥쑥 솟은
산봉우리들도
묶은 각을 풀어
상투를 트는 밤

---

[1] 혼인예식 때 신부가 입는 한복.
[2] 다른 천을 대고 듬성듬성 꿰매다.

한아름 사랑이 큰 우주니라

사모관대[3] 삼회장저고리[4]를 벗어라

---

[3] 전통혼례에서 신랑의 복장, 사모를 머리에 쓰고 단령을 입고 목화라는 신발을 신음.
[4] 저고리의 깃, 겨드랑이, 고름 등의 부위에 다른색의 옷감을 대어 장식적 효과를 준 저고리.

남천도 휘돌아 강강술래

굿거리
36장단

우회 멍석말이

제월대, 기린토월[1]
홍안을 씻어 푸르구나
명견루 상서문 판동문 중차문[2]
사대문 큰 종을 걸어 높이 울려라

오른 발은 내딛고
오른 손은 휘어감아
덕석을 말아 보자
강강술래 돌아보자
달무리 흰 아낙들아
꽃댕기도 너울너울

남천도 휘돌아 맨발로 강강술래

 남고산 곤지산 투구봉 완산수봉 기골이 장대한 조선 사내들아 한벽당 징검다리 남천교 다섯칸 무지갯다리 오흥교 곤

---

[1] 전주8경 중의 하나 기린봉에 뜨는 달.
[2] 전주부성의 4대문.

지산 끝자락에 싸전다리 성큼 성큼 건너와 전주성을 쌓자 성가퀴 치성 포루 포구 타구를 짓고 성문이 네 개 성 안 우물이 이백이십삼

   흑석골 황방산 큰 돌 메어다 전주부성을 세우자

   전주천 갈댓잎도 가슴 깊이 되새기며
   내 안에 검은 물빛 다가교 도랑을 지나
   선너머 늦은 노을 쉰 목청 불살라 강강술래

전주는 조선이다

**굿거리
37장단**

좌회 명석말이

위봉폭포[1] 급전직하
모든 것을 던져
오직 한 가지 받쳐 든
잡티 없는 물소리로
조선의 본향 풍패지관
대청 마루에 서라

흰 버선발 선비의
마음 위에 서서
뵈옵는 하늘 역사의 푸른 능선
왼손은 허리 감고 오른손은 가슴에 옴아쥐어라

나는 무엇으로 이 땅에 섰는가
늘치잡고 되게 쳐라
굿거리장단 네 박
달빛도 엮어 꿰면 풍류가락
한량춤아 강강술래

[1] 전주 10경 중의 하나, 완주군 동상면 소재.

서천 물빛도 단풍 깊어 어른어른 강강술래

용두봉 다가산 유연대[2] 굽이쳐 당당한 풍채 조선의 남아들아 나무다리 서천교 다가산 못 미쳐 완산교 소금전이 있어서 소금다리 염전교 고지도에 삼하교 사마교[3] 외지소 앞 도토리 골 다리를 절벅 절벅 건너와 팔 척 높이 이천육백팔십 보 성곽[4]을 돌아라 성을 지켜라

전주는 조선이다 높이 외쳐 붉은 횃불을 들라

사랑은 타다 남은 놈의 아픔이 아니다
다함없이 불태운 놈의 공허함도 아니다
묵묵히 홀로 선 그놈 홑춤 고독 속에 있느니라

---

[2] 전주시 완산구 중화산동 신흥학교 뒤로부터 도토리골과 어은골을 거쳐 진북사에 이르기까지의 산줄기/유연낙조는 유연대에 해지는 저녁 노을 전주승경의 하나.
[3] 위 다리들은 전주 고지도에 나오는 옛다리 이름.
[4] 전주부성.

한내* 잠긴 뱃길

굿거리
38장단

양수 평견 전진체

하늘 그리움을 꺼내어 어깻쭉지를 들면
양수 평견 전진체 학의 날개가 된다
흰 구름 우에 서서 한내 잠긴 뱃길을 본다

마그내 선창 부두 만가리천[1]을 돌아
만경강 한 폭 노을빛을 쭉 찢어
장기리 동포귀범 황포돛배 쪽나무 노 젓어 온다

비비낙안 물오리떼도 긴 모가지를 틀어박고
깊은 한 끄집어 떠오르는 완산부성의 백마강
법수뫼 법수장한 달 뜨는 회안대군의 유배지[2]

특특한 면포에 황톳물 들여 기폭을 달아라
소금배 젓가리배 숯배 생강배 곡식배
고산천 마실 마실 이십리 하루 해를 실어라

---

* 봉동천의 다른 이름.
1) 완주군 용진면 일대의 하천, 장기리 신기리 마그내 다리 부근.
2) 비비정 이십 리 상류 하상을 물오리 떼처럼 오가던 돛단배들의 정경을 완산부성(전주)의 백마강이라 불렀으며 법사장한(한 맺힌 법수봉의 모습)을 빚은 회안대군(이성계의 4남)의 유배지로 알려짐(『새전북신문』 정복규).

매화꽃 서까래

굿거리
39장단

우족 디딤 맺음체
양반 맴체

도당산[1] 수염 턱 밑
매실밭에 내려 선 당신
오른발 내디디며
두 박을 맺은 채로
물왕멀[2] 궁궐을 짓는가
천년 뿌리 깊이 서서

묵은 등걸 팔 벌려 하늘을 받들거니
노거수 굳은 어깨 새로 돋친 가지마다
흰 이빨 붉은 혀 깨물고 매화꽃 피었네

햇빛도 봄 햇빛 섬섬옥수 씻어서
꽃가지 서까래 처마 단청 올리는구나
세월도 묶어서 툭 툭 불거진 꽃기둥 꽃대궐 매운 향내

---

[1] 전주 인후도서관 뒷산.
[2] 후백제 견훤의 궁궐터라는 설이 있음.

즈믄 소리 위에서

굿거리
40장단

좌회 맴체

동고산 전주성 참대숲에 걸친 바람 풀어놓아라
전추산[1] 피리 산조 흐느끼는 풍류 가락
선비여, 큰 갓 쓴 한량춤아 박을 놓쳤는가

도포자락 채어 잡고
갓신 밟아 돌아든 그늘
검은 고목 매화 등걸
터지고 째진 눈매로
긴 침묵 역사의 향촉을
오롯이 받쳐 들어라

무한시공의 절망, 낙화의 넋들아
백제금동대향로[2]
다섯 악사 즈믄 소리 위에서
붉은 눈 흰 소맷자락 다시 치켜 춤추어라

---

[1] 정읍 출신 전계문의 가문 피리의 명인.
[2] 충청남도 부여군 부여읍 능산리 절터에서 출토된 백제의 향로, 국보 제287호.

봄 그리움

굿거리
41장단

비켜 뛰어
학날개 펴체

나의 뜰에 함박눈 무겁게 내리니이다
잔가지들도 눈 속에 깊이 젖어
가벼운 움직임 하나에도 흰 몸짓이 됩니다

누군가를 기다리는 눈치들이 맑은데
제 속으로 가라앉은 오랜 침묵들이
곱게도 작은 꽃봉오리 가슴에 맺어 안아볼까요

겨울은 따뜻합니다 홀로 된 빈 가지
나부낌 사이로 햇빛들도 비껴 들어
공허한 마음 찬 바람 우에 둥지를 걸어 줍니다

이제 우리들도 편안하게 앉아 볼까요
쓰디쓴 세상 일에서 날개 부딪힘을 접고
그렇게 고운 자태로만
봄 그리움을 한없이 품어 볼까요

떠도는 자의 풍류

굿거리
42장단

굿거리 맺음 동작

두방리 나의 뜰 세상 죄 없음으로
햇빛만 바람만 가득하여 고운데
누구의 눈빛으로 흰 학들이 내려 앉는가

긴 다리 긴 모가지 제 안에 접어 두고
소나무에도 라일락 우에도
희디흰 백설의 속삭임들이 청결하여 복되도다

떠도는 자의 풍류 자유함으로 이끌려
온유한 자들의 천국에 이르렀거니
부채도 접어 굿거리 장단 네 박이 멈추는도다

제 2 부

자진모리 1~44 장단

흠 없는 숫양

자진모리
1~2장단

우조 우수 맴체

남고모종[1] 울리지 마라
고덕산 너메 달뜨지 마라
오른 손 부채 들어 솟는 달 밀어라
절벽 끝 순교지 초록바위[2] 달그림자 밟지 마라

승지 남종삼 요한의 아들
진사 홍봉주 도마의 아들
교수형 죽임을 당하고 전주천에 뿌려졌으니
십오세 흠없는 숫양 번제 제물로 바쳐졌는가

갈마음수격, 말이 풀밭을 찾는다는
초록의 검은 그늘 병인박해[3] 붉은 피가
반곡천 수수년년 물살에도 씻기지 아니하고

노륙지전[4] 혹독한 형벌을 이겼네

---

[1] 전주 8경 중의 하나 남고사의 석양 무렵 범종 소리.
[2] 성인 남종삼의 아들과 홍봉주의 아들이 떠밀려 수장되어 순교한 바위, 전주시 완산구 서서학동 위치.
[3] 1866년 대원군이 프랑스인 신부와 조선인 천주교도를 탄압한 사건.
[4] 온 가족을 연좌죄로 처형하는 형벌.

이십사위[5] 이팝나무 꽃둘레에 싸여
하얗게 하늘길 열렸구나 천국이 저희 것임을

흡월대[6] 올라 서서 곤지망월[7] 흰 빛무리 보라
남천에 수장된 깨끗한 심령을 건져
하늘문 문설주에 어린 양의 피를 바르는구나

---

[5] 초록바위 주변 24그루 이팝나무.
[6] 전주 완산구 동완산동 곤지봉의 대보름날 달맞이하는 곳.
[7] 전주 10경 중의 하나 위 지역의 곤지봉.

장씨산 송대 곰솔*

자진모리
3~4장단

좌족 모둠 우수 당김체
좌족 모둠 어름체

송정산 내려 삼천동 곰솔 아래 섰구나
병들고 꺾이고 잘려 나가고도
한 줄기 푸른 눈빛으로 모두어 섰구나

구이천 광곡천 황소천 삼천이
모여 드는 세내골 인동장씨 선산을
묵묵히 지켜온 장씨산 송대 흑송을 보아라

바람 앞에 맞서 더욱 단단해진 줄기
자기 안에 자기의 검은 세월을 끌어 당겨
뒤틀며 땅을 차고 솟구치는 학송이 되었구나

하늘에 뜻을 두었으니
좌족 모둠 외발로 서라
장천을 꿈꾸던 수려한 풍채를 어찌하랴
오히려 상한 어깨 위에서 날개를 펼쳐라

* 전주 삼천동의 곰솔(해송).

장군봉에서 서쪽으로 완산외칠봉[1]

검무봉 선인봉 모란봉 금사봉 매화봉 도화봉 모두 올라
성 안 불빛을 좌우새하며 어르라

오백년 조선의 전주부성 외곽에서 에워싸 지켜라

---

[1] 완산칠봉 중 7봉우리.

천년 춤

자진모리
5장단

우족 디딤 찍어 맴체

기러기 떼 날으라 금송아지 바위[1] 깨워라
일제의 쇠망치에 머리통을 얻어맞고
엉뎅이 엉치뼛속까지 쇠말뚝이 박혔을지라도

천년 고도 전주의 정기가 끊어졌겠느냐

슬치 산자락 산정지에서 술잔을 띄울 만한 세류로 시작하여 만마관의 구류벽을 뚫고 북진, 승암산 밑에 층층이 솟아 막아 서던 대암벽을 돌파하고 깎아 내려 바닥을 평탄케 한 전주천이 다가산 기슭을 돌아 장대보를 넘어서지 못하였겠느냐[2]

건지산 뜨는 달이 구름 속에 갇힐지라도 덕진 연꽃 붉은 가슴 속을 가득 채우지 못하였겠느냐

옥녀봉 금송아지여 조선 전주 한량춤을 추자

---

[1] 완산칠봉 옥녀봉 정상에 송아지 모양의 바위, 옥녀봉 선녀와 가난한 젊은이에 얽힌 전설이 있음(전주역사박물관 '전주의 전설').
[2] 『전주부사』의 「자연지리편」 원문 일부 인용.

큰 갓에 상투 탕근 흰 도포 옥색 쾌자 아버지들의 바지저고리 술띠를 매고 꽃술을 단 흰 버선에 갓신을 신어라

손에는 전주 합죽선 산수화 부채를 들고

장군봉을 딛고 올라 서으로 동으로

옥녀봉 무학봉 백운봉 용두봉 탄금봉 매화봉 완산내칠봉[3] 들도 봉긋 봉긋 솟아 올라 떼춤을 추는디, 왼손은 도포를 잡고 오른 손은 둥글게 말아 쥔 채로 오른 다리를 왼발 앞에서 찍어 디디며 동고산성에서부터 전주부성을 밟아 왼쪽 맴체로 대삼 소삼 조금씩 돌아라

옥녀봉 금송아지 바위는 누워서도 생과 사의 천년 춤을 추는구나

---

[3] 전주칠봉 중 7봉우리.

유수체,* 당신의 흩춤

자진모리
6~7장단

양반 맺체로
대삼 소삼 걷기

당신은 조선 선비로 세월을 돌아들으시오
대삼 소삼 갓신 한량춤 발걸음은
유수체 창암 이삼만 선생 붓끝으로 서시오

내장산 부무실에서 태어나 학문을 일으켰으니
옥류동 청연 속에 잠심潛心하여 한묵翰墨에 심혼을 쏟고
만년에 상관 공기골 옥 같이 맑은 생으로 흐른 창암

한라산 천년 고목 골격骨格찬 추사체요
신지도 청파에 출렁인 원교체라 하면
창암은 호남의 대자연 속에 굽이쳐 흘렀으니 유수체라

세대가의 글씨를 밤낮으로 눈에 익히고
만 번이나 써 봤으나 재주가 모자란 탓인지
선생은 그 진경에 이르지 못함을 탄식했노라

---

* 조병희의 「창암 이삼만 선생의 서도와 생애」(『완산고을의 맥박』), 김익두의 『조선명필 창암 이삼만』, 조인숙의 「창암 이삼만 서예술의 도가철학적 고찰」; 「창암 이삼만의 한국서예사의 정체성 확립에 미친 영향」; 「창암 이삼만의 창암체 창조와 조선진체 완성에 대한 고찰」; 「창암작 유심첩에 관한 고찰」; 「도형문첩에 관한 고찰」 등을 참조.

종이가 금싸라기처럼 품귀한 사정이라
기름에 갠 분을 바른 분판에 의존했으나
글자의 획이 뜻대로 나아가지를 아니했다

비록 병석에서도 하루에 천 글자씩 썼다
벼루 세 개를 맞창내지 않으면 아니 된다
배우는 사람에게는 한 획 한 점을 한 달씩 가르쳤다

죽필을 들어 강직한 필세와 필선을 긋으시오
물러남 속에는 어리석음을 뒤로 하고
나아감 속에는 고졸古拙의 비범함이 번득이도다

묵계의 먹물로 이룬 시내를 건너시오
빠져 보시오 장사의 큰 발이
우람한 산을 받쳐 들고 하늘에 이르시오

고법 해서楷書의 모를 벗어나 유수체에 이르시오
발을 벗으시오 몸을 벗으시오 마음에 이르시오
언 땅을 서 있어도 봄이 오고 척박한 땅을 밟아도 새순이 돋음이라

백의의 단심 무궁화 흰 꽃 아래
염천도 엷어지고 맑아져 가나니

그대의 흰 소매가 어느 뫼까지 씻어낼까요

털어 버리는 것이 일이오 작업이요
춤이요 묵상이요 붓길이요 유수체요
하늘로 돌아가고도 남음이 묵향이라

예학명 마애석벽은 천 년을 수장되었다가
백제 유민의 유혼이 학이 되어
창암의 유수체 위에서 날아 오름이라

유수체의 시작은 이렇게 흐르니라
베를 빨아 글씨를 쓰다 다시 검은 먹물을 씻어 새 글씨를 쓰면서 거기에 까슬까슬 담기는 붓자국을 바라보면서 붓대와 팔을 타고 심장에 이르는 묵향이 생동케 하노라 흐르는 구름에 눈이 부시고 출렁이는 앞 냇물 소리가 나를 사로잡는다 필원이 된다
연실을 팽팽히 당겼다 놓았다 하는 아기 손의 상씨름

한 줌가락 깃이 번득여 유수체가 흐른다.
당신의 춤은 깊은 묵빛으로 큰 획을 긋어 운필하였으나 흔적이 없음이요 하늘에 닿았음이요 땅에 스몄음이라 초록 풀빛으로 이 땅에 싹틈이라 꾀꼬리 노랫소리로 득음함이라 당신의 발 디딤은 대지 깊숙이 젖어들어 그 아우성을 드러내

는가 노구 홀몸 고독 속에서 생성된 유수체 당신의 홀춤이
빠져나와 빛이 되고 눈부시다 유수체는 고체, 조선을 벗어나
자유의 혼이 되었다 영의 자유가 되었다

창암과 추사[1]는 가을 달 아래 서書를 논하였다
시서화의 표현 방식이 다를지라도 궁극의 경지는 묘오를
얻는 것이오 그것은 마치 뿔을 떼어 놓는 영양처럼 자취를
찾을 수 없는 것으로서
거기에 저절로 신이 깃든다는 것이오

신의 요체는 도대체 무엇이오
운외지치 미외지지 상외자상 경외지경에 둔 것이라 할 수 있소
하늘과 땅 안에 있소 먼 밖에 있소
안도 밖도 아니니 위도 아래도 아니오
자연과 함께 있소 떨어져 있소
묘경일 뿐이오 그 존재가 다함이 없다는 말씀이군요

창호지 사이로 서로의 운이 흘렀다
창암은 운치라 말하고 추사는 신운이라 대답했다 달빛의
기침 소리인 양 낡은 툇마루 우에도 대가들의 심획이 묘경을
넘나들고 있었다 신에 이르지는 못한 듯

---

[1] 변영문(성균관대학교)의 「동파와 추사의 서예 미의식 비교 연구」/ 문정자(단국대학교)의 「추사 김정희의 서파관과 예술심미이상의 특성」 등을 참조.

뽕잎 위 누에처럼 뒤척이며 잠을 기다리고 있었다

전주천 갈대숲을 솟아오른 흰 학은 한량춤
무너진 조선 흔적 없는 선비의 혼이 한 줄기 깃으로 허공 중에 섰다 홑춤의 몸짓이었다 햇빛에 비껴 날아오른 학의 날개는 창공에 닿았다 통령의 비명으로 마음은 글자의 획으로 섰다 굵고 가늘고 성기고 밀하게 날줄과 씨줄로 정커덩 베틀 위에서 달빛 가닥을 꿰어 맞추었다 필획은 어느 바람의 향방을 따라가지 않았다 묵상 중에 묵상이 깊을 뿐 학의 흰 몸체는 모든 깃털을 날려 자유가 되었다
또 다시 돌아든 빈 나뭇가지 정갈히 앉은 해서체.

필봉은 내장산 산기슭 세찬 물줄기
푸른 이끼 사이를 찍어 가듯이
한 숨통 깊이 몰아쉬며 필세를 일으킨다

바람이 불어 펄럭이면 이미 춤이었다
일운무적이요 득필천연이면
음양이 각각 제 자리를 얻었으니 나의 춤이요

자연스러운 것은 변화 속에 편안함
나의 서書 나의 붓길은 통령이라
유수체 하늘로서 났으니 하늘로 돌아가니라

인동장씨 효자 정려문*

자진모리
8~11장단

좌우수 평견 까치체

효자리는 관아 남쪽 3리에 있다
한절리 마을에 인조 임금의 사액으로
장개남 인동장씨 효자 정려문이 섰음이더라

몸을 깨끗이 씻고 하늘에 비오니
기러기 한 마리가 마당 가운데 떨어져
병드신 어머니께 약을 쓰니 즉시 나았음이라

효는 지상의 삶이되 하늘의 움직임이구나
자식 된 이의 눈물 치렁한 우러름
지극한 마음에서부터 영원에 이르는 통로

물에 씻은 몸보다 간절함으로 닦고
닦인 나의 성심 투명함만 가득한 심령
빛깔도 향기도 없이 하늘에 닿는

---

* 전주시 완산구 효자동에 있는 한절리 마을 인동장씨 장개남은 어머니가 병환으로 고생할때 하늘에 빌어 효험을 얻었다. 몸을 깨끗이 씻고 하늘에 비니 기러기가 마당 가운데 떨어져 이것을 구워 드리자 병이 즉시 나았다. 정묘년에 임금에게 아뢰어 인조 임금 사액으로 세워진 효자 정려문(전주역사박물관 '전주와 전북의 인물').

선비여 당신의 까치체 걸음걸이로
한마당 모아 든 희디흰 빛무리
효자동 효자 정려문 큰 효심을 둘러 섰구나

금파* 한량춤

자진모리
12~13장단

물레젓기

시나위 첫 울림을 바람 앞에 던져라
도포자락 펄럭, 하늘이 열린다
이승의 모서리 까마득한 그리움 우에 흰 빛이 섰다

부채 한 잎 펴들고 몸 깊이 춤을 잣는구나
발 굽이도 팔의 능선도 마음에서 흐르는 소리
무겁게 다시 끓어서 장중한 산맥을 이끌어간다

춤의 물레를 돌려라 우회 좌회 한 생을 회돌아
찍어 디딤은 전진을 향한 지습
영원의 이름에 잇기 위하여 더 깊은 묵상

내가 나에게 안겨 얼마나 따뜻하면
허튼 몸짓들이 지고지순한 춤이 될 수 있을까
너에게 다가가 봄꽃을 피우는 햇볕이 될 수 있을까

---

* 1940년 전주에서 보건당 약방을 경영하던 김대완과 박필녀의 장남으로 태어남. 본명은 김조균이고 금파(金波)는 예명 1987년 개천예술제에서 한량춤으로 대통령상 수상, 1998년 '한량춤'이 전라북도 무형문화재 17호로 지정(김무철, 「금파 한량춤에 나타난 전라북도 민속예술춤에 관한 연구」).

맺힘도 폄도 내 아픔의 씨아들이
삐걱삐걱 돌아가며 뽑아놓은 흰 실타래
꿰매고 엮고 깁고 맞추는 천년의 하루

빗방울 소리 발디딤 눈빛 하나에도
영롱하게 밟히는 풀숲의 부르짖음
흰 댄님 풀어 벗은 맨발은 어느 슬픈 사랑 위에 다시 섰나요

춤은 내 영혼의 고치를 벗는 나신
물레를 젓고 젓어 돌고 돌아 이르는
나 아닌 나 저 공중 나는 새 들에 핀 흰 백합 한 떨기[1]

---

[1] 찬송가 588장의 내용 참조.

어느 생의 굽이에서

자진모리
14~15장단

우회 큰맴체

어느 생의 굽이를 돌아 꽃을 피우는가
겨울 나목들 빈 가지 끝에 와서
누구도 답하지 못하고 흔들리는 눈빛 사이

마주침으로 반짝이며 비로소 봄이었구나
따글따글 맺힌 쏟아놓아야 할
세속의 그리움들이 입술을 깨물었구나

잠깐 돌아서면 허탄한 아침 저녁
아무렇게나 구겨 버린 분홍 편지지
그 속에 묻힌 깨알 글씨들이 눈을 뜨는가

뜨거운 마음은 찬 그릇에 담아야 한다
봄꽃들 맑은 향기는 겨울바람 속에서만 다듬어진다
열 처녀[1] 갈급한 기다림 위에 붉고 흰 등을 걸어 놓아라

---

[1] 그 때에 천국은 마치 등을 들고 신랑을 맞으러 나간 열 처녀와 같다 하리니(『신약성서』「마태복음」 25장).

바다, 그 맑은 눈

자진모리
16~17장단

자진 연풍대

파도는 나의 나 됨에서 벗어나기 위하여
출렁이며 생의 굴곡을 넘는 것일까
아직도 그리움의 노을빛을 찢어발기는 것일까

동백섬 동백잎 견고함을 부수고
속 붉은 꽃잎을 세워 피우는 것일까
내 가슴 한 쪽 썩다 만 청춘의 냄새를 솎아내는 것일까

끼룩 끼룩 쏟아져 내리는 갈매기 떼
흔들림 위에서도 흔들림을 딛고 올라
누구의 발 끝으로 솟아 흰 떼춤을 추는가

소경된 자 나의 햇빛을 위하여
애통하는 심령 닳고 닳은 무릎 기도로
파랗게 한 소절씩 풀어 열리는 바다

얼마나 자기의 벽에 부딪히고 부딪혔으면
심해 갇혀 산 어둠들이 자신의 마음을 뚫고 나와
하늘도 영혼 깊이 빠져드는 맑은 눈이 되었을까

빛, 광야에 섰도다

자진모리
18장단

부채 펴고 돌기

떠도는 영혼들의 흩날림이었을까
내 안에 접히고 접힌 마음들을
당신의 부챗살 속에서 가즈런히 펴 들었는가

육신 한 떨기 내려 놓고
광야에 섰도다
빛으로 막힌 눈부심[1]
끝도 시작도 없이
휘도는 바람 속으로 펄럭임을 던져라

한 소절씩 아픔들이 꺾여 꽃이 피어난다
붉거니 희거니 어느 이름들을 부르는가
들리지 않는 울음 소리로 답하여 흩날리는가

---

[1] 사울이 길을 가다가 다메섹에 가까이 이르더니 홀연히 하늘로부터 빛이 그를 둘러 비치는지라, 사울이 땅에서 일어나 눈은 떴으나 아무것도 보지 못하고(「사도행전」 9장).

모란의 뜰

**자진모리
19~20장단**

좌우수 평견 까치체

돌배꽃 피고
사과꽃 피고
라일락도 지드니
선한 까치 다리로 모란의 뜰에 이르다
세상의 빛무리 속에서 붉은 이마 쳐들다

오래 참음이라 할까
하냥 그리움이라 할까
니 눈망울도 내 안에 침묵으로 맺혀
단단한 것일수록 부셔져 꽃이 되는구나

갈라지고 찢어지고
아픔인 줄만 알았더니
하늘 향하여 완성된 향기로운 그릇이 되었구나
온전히 만인의 마음을 담아 우러러 섰구나

또 하나의 까치 울음

자진모리
21~22장단

우수 감아 까치체

내 안에 잡아 둔
또 하나의 까치 울음은
동백나무 우궁뎅이 가지 끝에 앉았구나
까악 깍 아침 동백꽃 떼로 피어 곱다

상수리나무 숲은
멀리서부터 둘레를 쳐
푸른 숨결만으로
높이 장막을 치고

한 순간 뚝 떨어져 나에게 이른 붉은 피

어느 순교자의
처연한 심령으로
당신의 부활을
기다리지 않았더라면
검게 탄 백년 고목 등걸에
꽃을 피울 수 있을까

세상 중에 흩어져
고인 자리 맑게 눈 뜬
고귀한 빛깔들
너를 맞부딪혀
태양은 몇 억 광년의 깊이로
눈물 보석을 다듬어 놓았나

황등교회 사랑의 종[*]

자진모리
23~24장단

전진 종종체

종소리는 멀리서 들려올 때 듣기 좋다
산 넘고 들 건너 생의 기억을 꺾어
내 마음 깊이에서 떨림으로 울려 올 때 더욱 아름답다

성탄절 즈음하여 함박눈이 내리고
곱게 아침 햇살이 겨울 빈 산을 가득 메울 때
먼 길이 끝나 닿는 교회당 탄일종이 아득히 울려 왔지

봄비는 속삭임만으로도 너 속사람을 깨우거니
척박한 땅에 묻혀 싹트지 않았던 소리들이
이제는 내 가슴을 쳐 큰 귀를 열어 주는 걸까

1884년 조선 선교 시작을 기념하여
미국 리스퍽 제일교회가 제작하여 쓰던 사랑의 종
육이오 동란 중에 배로 실어와 황등 교회 종탑 높이 걸었
으니

---

[*] 정동운, 「황등교회 종이야기」, 『전북 교회 이야기』 참조.

어른 장로께서 종종체로 걸어나와
종을 치시오 생명의 줄을 잡아당기시오
태평양 푸른 파도를 넘어 복된 말씀 씨를 뿌리시오

삼천세우,* 분홍안개

자진모리
25~27장단

엇갈림 반맴체

청명 곡우 삼천 세우
새 잎 하나 꽃잎 하나
희게 붉게 니 사랑
가슴 깊이 옴아쥔 채로
세월도 엇갈려 돌아드는
봄 소쿠리 속 잔두렁골

우묵실[1] 큰 소 눈 속 깊이 가득한 칠성뜰
황소리 복숭아밭 검은 고인돌은
누구의 황금뼈를 바람 앞에 받들어 모셨는가

아버지 불러쌓는 어머니의 먼 노을
어느 곡조에 겨워 애기 자운영꽃 피든가
용산리 앞산 너메 안시안골 이름 없는 꽃 피어 지든가

풍취나대형[2] 함띠 마을

---

* 전주시 완산구 삼천동에 내리는 가랑비의 아름다운 풍경.
[1] 우묵실, 황소리, 용산리, 함띠마을, 계룡산 등은 삼천동 및 중인동 주변 지명.
[2] 풍수지리에서 바람에 날리는 비단띠와 같은 형국.

봄 지나는 바람에게 묻자
누구의 눈물 맑음으로 씻었으까
그 비단 띠를 둘러 분홍 안개 만장을 날리는가

계룡산 큰 어깨 아래 농자천하의 근본들아
봄에는 씨를 뿌려라 푸른 묵상에 화답하라
숲밑샘 마르지 않는 물 보리테쳐 모심어라

삼천천 둑길을 걸어
마음 마음 물빛 속에는
가랑비 가랑이 속을
곱게도 벗어나와
제 눈에 제 눈 맞추어 눈부신
사과꽃 복숭아꽃 그 이름들

일천 육백 스물일곱* 뼛조각들아

자진모리
28장단

양팔 들고 맴맴체

하늘 백성들아 양팔을 높이 들라
하늘 향하여 맴체로 휘돌아
화강색 도포자락으로 불끈 솟구쳐라

기둥돌은 나의 뿌리 내 마음에 박아라
초석을 다져 깊은 묵상 위에 서라
큰 갓은 귀솟음으로 옥개석을 높여라

미륵산 아래 금마 들판
벼이삭들을 보라
단단해져 가는 황금빛 속에는
세상에 뿌리 내렸음이요
세상 소리 귀솟아 들었음이라

저 빛무리들이 물결쳐 백제를 외치는구나
살 붉음 힘줄 힘씀도 흙으로 돌아가고

* 금마 미륵사지 석탑을 복원할 때 부재가 1627개.

세월도 마디마디 흩어진 뼈들의 골짜기

일천 육백 스물일곱 잠든 뼛조각들아
눈을 뜨지도 말라 심중에 감지도 말라
생명은 내 안에 스스로 있나니 후 숨을 쉬라

소리를 내고 움직이며 제 자리를 맞추어
그리움의 푸른 영이 줄기줄기 들어가나니
뭇 꽃들 천년 향기 위에 선 홀춤 한 떨기 석탑이라

몸도 마음도 뿌려 허공 중에 던져라
또 한 바퀴 맴맴체로 휘돌아 영원에 이르라
바람도 햇빛도 눈빛도 푸른 백제의 미소

전주여, 조선을 건너 백제를 넘어라

자진모리
29~30장단

연풍대 뛰어 앉기

전주여, 태초 어느 출렁이는 혼돈 속을
반짝임만으로 떠다니는 별이었다가
하늘도 맑게 개인 날 고요히 닻¹⁾을 내려 약속의 땅이 되었는가

어찌 세월 깊이에 무거운 짐 됨이 없었을까
버리고 버리자 물길에 쓸려 온 돌들이
오히려 심층에 쌓여 복된 터전을 다졌음이라

장군대좌봉을 이어 용두봉 좌청룡이요
일각수 기린봉이 솟아 우백호 치세라
승암산 깎아 맺혀 남주작 날아 오름을 보아라

금암산 줄기 자락 옛 물길 배 맨 자리
하늘 뜻을 등에 지고 큰 바위로 앉았으니

---

1) 전주는 풍수지리상으로 행주형이다. 사람과 재물을 가득 실은 배가 돛을 높이 달고 막 항로를 떠나려는 배를 붙잡아 매어 놓은 형국(김영애, 『전북중앙 신문』).

북현무 거북 바위[2]라 머리를 틀어 눈초리 매섭구나

춤을 추자 춤을 추어라 무겁게 홀로 서서
왼발 엇갈려 짚고 오른 옆 사선으로
좌청룡 용머리 고개 위에 갓신 뛰어 앉아라

예기 예운편에 머리는 뿔이 하나
노루 몸에 쇠꼬리 신령스런 기린
우백호 자리 기린봉 위에 연풍대로 뛰어 내려라

남주작 승암산 전주성에 눈빛을 던져라
자연 능선을 잇어 삐죽삐죽
독수리 날개 형상으로 견훤 산성 궁궐이라

암막새에 찍혀 후백제를 지킨
붉은 봉황도 쌍무사 철갑 병사들도
수막새 여덟 연꽃잎들도 속날개를 펼쳐라[3]

어찌 펄럭임만으로 장천을 날을 수 있을까
천 년 접어 둔 백제의 춤사위를 펼쳐라

---

[2] 구 kbs 정원에 위치한 17미터, 너비 4.5미터 거대한 거북 모양의 바위(kbs 역사스페셜 156회).
[3] 『후백제의 왕도 전주』(김주성, 「견훤의 전주 천도와 왕궁 위치」).

오목대 용마루 능선 조선 검광 위에 서라

금암산 금암 네거리 큰 거북 바위는
물왕멀 고토성에서부터 팔달로 관문을 지켜
천 년을 뿌리 깊이 앉아서도 하늘 춤을 추는구나

태양은 구름 속에 언약의 무지개를 세우리니
산봉우리들은 솟아 아침 닻을 올려라
전주천 갈대밭 갈대 피리 다발다발 묶어 궁창을 뚫어라

맑게 개인 하늘 아래 막막한 바다 배 띄우자
백제를 넘어라 어기어차 조선을 넘어라
전주여, 부활의 춤을 추어라 큰 우주를 항해하라

전킨을 기념하여 기전이라

자진모리
31장단

훨체

생이 한판 춤이라면 거친 호흡을
잠깐 쉼으로 비켜 작은 눈 멀리 뜨고
마음이 한 발 앞서 중심 잡아 머무르는 것

서문 밖 다리 건너 유연대 노을 속에
뜨겁게 타오른 빛무리 한 떨기
선교사 붉은 벽돌집들이 장미꽃 다발 곱다

미국 남장로교 조선 선교 파송으로
은둔의 나라 조선 층층이 쌓인 고요
전주의 깊이를 희고 맑은 하늘 눈빛으로 뚫기 시작

1984년 3월 19일 데이트 목사 남매가
당나귀와 가마를 타고 최초 입성하여
남문 밖 완산정 언덕 초가집이 선교 깃점이 되었다

신약성서 마태복음 9장 35절에 따라
교회당에서 가르치고 복음을 전파하며
병들고 허약한 사람들을 치료하여 주었다

독립 신문 1896년 8월 20일자에
기독교가 바라는 것은 불쌍한 조선 백성들이 자기 나라 사람과 같이 나라 안에 옳은 법률이 생기고 조선에 있는 상하 인민이 합심하여 나라를 보존하고 인민이 정돈되어 규모 있게 만사를 행하며 구세주 예수 그리스도를 믿고 그의 가르침을 본받으라 함이니
본의를 생각하면 어찌 감격하지 않으리요

은송리 교회에서 화산 언덕 교회로
시내쪽으로 확장된 서문 밖 교회는
어둠 속 뭇 영을 복음의 빛과 주님께로 인도하였다

무지와 구습의 질고 속에 하늘빛을 던져 준
신흥학교요 기전여학교라
여의사 잉골드 마티가 시약소를 차려 치료하였으니 예수 병원이라

중화산동 언덕 선교사 묘역에는
서문 밖 교회 목사 전킨의 묘비와
세 아들 벽돌만한 묘비석이 함께 섰으니

세월의 안갯속 같은 흑백 사진 속에는
첫째 조지 둘째 시드니 셋째 프랜시스가 눈에 선한데

모두 다 아기 때 풍토병과 사소한 질병으로 죽었음이라

전 킨은 1892년 조선 선교 7인의 선발대
전킨 부부 레이놀즈 부부 데이트 남매 리니 데이비스 들의 일원으로 군산 포구로 들어와 군산 궁말(현 구암교회)에 기지를 마련하고 배로 금강 만경강을 오르내리며 충청 지역과 전라도 북서부 지역 환자를 진료하고 고군산 군도까지 환자 진료와 전도 활동을 하다가 피곤이 누적됨과 전도하러 갔던 지역 우물물을 마시고 이질에 걸려 쇠약해졌으므로 선교부에서 전주 서문 밖 교회 목사로 전임하여 6마일(20리) 밖으로 나가지 말라는 금지 조치에도 불구하고 선교 사명을 감당하다가 1908년 장티푸스와 폐렴으로 순교하였으니 43세였다.

선교부는 전킨 목사의 선구자적인 노고를 영원히 기념하기 위하여 1908년 그의 아내가 경영하던 전주여학교의 이름을 전킨을 기념하는 뜻으로 기전이라 지었으며 1913년 1회 졸업생으로 이봉이 신자영 조함라 임자희 김연순 김선애 등
시들어 가는 조선 전주 하늘에 보석처럼 빛나는 6명을 배출하였다.

2억 만 리 태평양 높은 파도를 넘어와
온 천하에 다니며 만민에게 복음을 전파하라

그 크고 엄중한 명령을 지키기 위하여

암흑의 끝자락에 구원의 빛을 던졌으니
한 알의 밀알이 죽어 많은 영을 살렸음이라
순교는 곱게 핀 꽃 뭇 별 되어 세말 끝까지 반짝이리라

   *『기전 80년사』/ 『새만금 신문』을 참조하였음

너 홀로 서 있음이라
−고 정형인 선생 특유의 몸짓으로
 자아도취 무아지경에 이르는 자아몰입상태의 춤이다

자진모리
32~35장단

우수 평견 지슴체

1. 작약꽃 피고 지다

붉음도 아니다 희고 맑음도

옴아쥔 가슴 속 소리 없이 품었다

떨어져 꽃잎은 없다

햇빛 속 텅 빈 무덤

2. 양귀비 꽃

이고 진 가는 허리 바람에 가볍다

붉음도 뜨거움도 한 몸으로 나부껴라

니 영이 빠져나가는지 하늘에 닿는지

3. 흰 달

고덕산도 경각산도 나의 뜰에 달 띄울까

희고 고운 항아리 한 짐 덜컹 내려 놓고

시나위 장단도 없이 춤추는 흰 꽃 다 지는

4. 울음

울음은 울음에게로 가서 노래가 된다

참나무 숲이 푸른 들창을 열고

한나절 암수 꾀꼬리 사랑에 닿다

5. 봄비

빈 몸으로 와서 빈 몸으로 간지 알았더니

나팔꽃들에게도 접시꽃들에게도

하늘만 쳐다보라고 파랗게 속삭였나 보다

6. 두방리 큰 소나무
땅이 키운 줄 아느냐

하늘이 키운 줄 아느냐

바람도 햇빛도

스쳐 가고 마는데

너 홀로 가슴 깊이 꿈틀대며

너 홀로 서 있음이라

7. 두방 숲 바위
발끝을 내밀어 보는 것만이 아니다

팔을 들어 감아 보는 것만이 아니다

춤이란 침묵 속에 멈춤 묵상 속에 영원

8. 논물 맑음
실팍진 장단지로 아버지는 모를 심었다

논물이 맑아지고 하늘 낯을 부빌 때까지

뿌리를 깊이 내리려고 그토록 흔들렸나 보다

9. 허수아비
햇볕 한 켜도 철새들 울음 속에 내어 주었다

바람 한 점도 흰 눈발 흩날림 속에 몰아주었다

빈 들판 빈 적막 빈 가슴 빈 손 하늘에 닿을 때까지

10. 솔섬, 파도 위에 떠서
가지 않은 길을 가려는 것이 아니다

돌아와서 너에게 안기려는 것은 더욱 아니다

처음에 홀로 선 채로 나에게 서 있을 뿐이다

11. 봄 은행나무

은행나무는 봄 은행나무

겨울을 지나와서

천 년을 지나와서

걷는 그 길 그 맑은 눈

너와 나 처음 만나 함께 쳐다본

그 하늘에 씻었을까

12. 산감나무 고목

몇 년을 살았냐고 더는 묻지 않는다

오월 하늘 높이 푸른 바람이 된 너

자유를 꿈꾸는 영혼 그 뿌리는 깊다

13. 때죽나무 아래

흰 꽃이 떼로 피어 하늘 깊이 매달렸네

어느 손이 그 종을 쳐 뭇 영들을 살려낼 수 있을까

초록이 내 몸을 가득 채울 때까지 서 있어 봐야지

14. 산

솟아서 산이드냐 그리워서 솟았드냐

노을빛이 깨물어 놓은 단풍잎들의 붉은 혀

그냥 다 떨궈 보내고 흔들리지 않아서 산이드냐

15. 삼시세끼 고창집 회화나무
 *
하늘 목마름으로부터 너희는 자유다
땅의 소유로부터 너희는 자유다
푸르고 푸른 빛으로만 홀로 선 하늘 사다리

*

시나위 가락도 춤사위도 접고
백 년 등걸 백 년 묵상
한 줄기 그리움으로 높이 멀리 본다

*

푸른 발자국으로 예닐곱 걸음 올라 서서
하늘 하늘 나부끼면 하늘 영이 되는 줄 알았드냐
천국은 니 마음 가난한 심령 뿌리 깊이 있느니라

16. 흰 물새
그 마음은 어디에 배설해 놓았을까

홀연히 몸 하나로 내려앉은 논두렁

눈으로 걷는다 한 발 들어 멈추어 선다

긴 다리 높이 세우고 긴 목 구부려 지수다

그림자 검은 무게 깊이 가라앉고

몇 잎 흰 깃 퍼득인다 하늘 논물 위에

17. 흰 찔레꽃

뙤약볕이면 어쩌랴 바람 속이면 어쩌랴

세상 밖으로 허공 중에 던지고 던진

내 평생 춤사위가 나를 가둔 가시 감옥이 되었나이다

초록 울타리 견고함 그 흰 꽃 무덤은

고스란히 비워 두고 향기로만 따르리이다

쑥꾹새 울음 건너 유월 하늘 노을 속에 서리이다

목치기 들치기 연타로

자진모리
36~37장단

뒷발치며 맴체

호남평지 나락들은 여물을 쑤어라
잘 드는 작두날에 볏짚을 곱게 썰어
가마솥 넘치게 펄펄 끓여 싸움 숫소 잘 먹여라

입암산 백양산 두승산 상두산
옥뿔 비녀뿔 천향각 오그당뿔[1]
뾰족이 잘 갈아 정읍 소싸움 한판승 걸어보자

큰 어깨 떡 버티고 우렁차게 붙어 보자
뒷발치며 대삼으로 서서히 돌다가
쾅쾅쾅 벼락쳐 백양산이 상두산에 덤비시오

입암산 거북바위도 불끈 솟아 힘쓰시오
뻐꾹나리 산박하 금강나리꽃 은꿩다리
꽃들아 사시사철 뜨겁게 일어나 박수쳐라

두승산은 큰 되박머리로 입암산을 들이받고

---

[1] 싸움소의 뿔의 종류.

우보천리 새재를 사이에 두고 뿔난 소들아
목치기 들치기 연타[2]로 임진란 소서행장을 쳐부수시오

---

[2] 소싸움 기술의 종류.

드럼치는 소년

자진모리
38~40장단

뒷사선 까치체
제자리 까치체

오른손 왼손 감고 메며 소년은 드럼을 친다
엉뎅이를 깔고 앉아 어깨를 들먹이며
교회당 천장을 쾅쾅 큰북을 친다 세상을 부순다

눈빛은 하늘에 반짝 던졌어도
북채를 쥐고 몸통을 흔들며
쇠북을 짱 치기 전에 어느덧 온 몸이 부서진다

성도들은 박수를 치며 또 한 바탕 부서진다
부서진 마음으로 부서진 얼굴로
서로가 서로에게 마구 섞여 출렁이는 바다가 된다

내 안에 깊이 선다 내 안을 한참 본다
홀로 선 자 고독이 부서져 날개쭉지를 펼친다
고독은 나의 춤이 된다 흰 춤 위에 선다

샘소리터* 풍류로구나

자진모리
41~43장단

우회 맴맴체
좌회 맴맴체

전라산천 한 숨 돌아 월영봉 달 밝도다
어느 달빛으로 씻어 대금 소리 높은가
내 친구 김문선 선비 샘소리터 풍류로구나

달빛 조코 바람 조코 그대 얼굴 환하구나
흰 옷 자락 펄럭 흰 버선발 높이 딛고
너덜겅 사랑의 다리 떨컹 지나 서래봉 하늘

그대 몸에서는 거문고 소리 튕겨나오고
내 마음 심지에서는 한량춤 한 가락
단풍숲 너울을 쭉 찢어 붉게 휘날려 보세

달맞이골 샘소리터는 샘기픈 소리에서
맑은 소리 힘 있는 가락으로 시작하였으니
더불어 놀고 더불어 나누는 정읍 줄풍류라

---

* 김문선(전 호남고 교장) 대표가 운영하는 정읍 내장산 월영봉 아래 월영마을에 있는 정읍 향제줄풍류 맥을 잇고 있는 풍류방.

소리는 춤이다 서로 벗하여 기대어라
비어 있는 듯 가득 차 고인 듯
인정도 달빛도 마당을 돌아 제자리 곱구나

푸른 절망 앞에서

자진모리
42장단

자진모리 마지막 동작

큰 소나무 무거운 침묵 앞에 서서
절망을 본다 패이고 갈라진
상처를 비틀어 한 순간 끓어 오르는

너는 아픔이 없는가 폭설이 내리는 밤
가지가 꺾이고 하늘이 무너져도
지상에 중심을 잃지 않았다 홀로 버티어 섰다

마음을 내뿜어 스스로 치유하고
옹이가 박혀 더욱 단단해진
굽은 등 세월의 무게를 깊이 짊어졌다

지게 작대기 받쳐 놓고 한숨 쉬었다 가자
이마에 땀을 닦아 주는 솔바람 언덕
초승달 아미를 세우고 다시 선 푸른 춤

검은 눈물 잔가지 사이 붉게 흐르다가
굽이굽이 활짝 피어오른 하늘 서까래
햇빛이 제 손목을 씻고 씻어 황금잔을 쏟아 붓는

제 3부

굿거리 1~5 장단

모악, 천년을 날아와

굿거리
1~5장단

비켜 사선 우수
왼발 들기
오른손 감기
도포 휘어잡고 돌기
앞으로 감은 손
비켜 앞 가리키기

댓잎 바람 속에서 시나위 장단은
다시 울음 운다 푸른 깃 옥색 도포
부채는 높이 하늘을 비켜 사선으로 접어 든다

모악은 큰 가슴으로 천년 꿈을 꾸겠지
아침 태양 아래 푸릇 푸릇 힘을 주어
양날개 근육을 키우며 날갯짓을 챙기겠지

첫눈이 내리는 날은 더욱 날고 싶어
날개쭉지를 펴 들고 불끈 일어서리라
설야의 몸짓으로 흰 도포자락 휘어잡고

천년을 날으리니 다시 천년을 날아와[1]
새 하늘을 펼쳐 새 땅을 앉히리라
기역자 금산교회[2] 새벽종 쳐 전라 천년을 깨워라

---

[1] 『장자』 1편 「붕새 이야기」를 참조.
[2] 1905년 미국 선교사 데이트에 의해 전도되어 창립 1907년부터 짓기 시작하여 1908년 헌당식을 올림, 남녀가 구분되어 예배를 드려야 하므로 기역자로 건축됨/ 조덕삼 장로와 이자익 목사의 아름다운 이야기가 전해지고 있음.

오른 손 둥글게 감아 모닥불을 피우고
까투리 새끼들도 잦은 걸음으로 불러
가슴은 가슴에 묻어 뜨거운 피를 나누니라

상고대 피워 들고 두방 숲에 이른 태실천
조선 예조대왕의 탯줄을 품었으니
노거수 괴목들 뿌리 맡에 젖줄을 물리리라

어미여 큰 사랑으로 큰 춤을 추어라
몸도 마음도 흰 눈 깨끗이 씻었으니
시나위 가락에 바람 소리도 장단을 맞추어라

태평소 외침 너머 우금산 우금산성까지
긴 수건을 던져라 황해 낙조 붉음도 건져
적벽강 횃불 높이 채석강3) 만 권의 책을 펼쳐라

목판본 옛 글자 새긴 칼 끝마다
역사는 눈을 떠라 흰 눈발 사이로
바다를 발로 툭 차 새만금 큰 둑 밖으로 잠잠케 하라

내장산 봉우리들은 여덟 귀4)를 쫑긋 세우고

---

3) 적벽강 채석강은 격포 해안 절벽.

하늘 소리를 들으라 한 소쿠리 해맑은
단풍잎 눈썹으로 곱게 씻어 펄럭이는 천 년의 하루

조선 한량들아 춤의 우주는 처음이니
음도 양도 접어 제 자리로 돌아가라
하늘을 향해 오른팔을 들어 올리며 마무리한다

---

4) 내장산 여덟 봉우리를 말함.

| 해설 1 |

한량춤과 금파

김무철(전라북도 도립국악원 학예연구사)

금파 '한량춤'의 특징

오늘날 전해지는 한량춤에는 두 가지 유형이 있다. 진주 한향무의 경우 4명, 5명, 또는 7명이 등장하여 각자 맡은 역할에 춤과 연기를 혼합한 무용극 형식을 취하고 있으며, 전라북도 무형문화재 제17호인 금파의 한량춤은 남자 혼자 추는 홑춤 형태이다. 한량춤은 한량이 주인공이 되어 추는 춤으로 여러 명이 등장하는 연극적인 춤에서 홑춤으로 변화하였는지, 아니면 홑춤에서 여러 명이 등장하는 춤으로 발전되었는지 그 발전 과정을 유추해 볼 수 있는 자료가 없어 안타까울 뿐이다.

1998년 1월 9일 전라북도 무형문화재 제17호로 지정되었던 금파의 '한량춤'은 전주·이리·정읍의 권번에서 예기와 한량들을 지도했던 세습무가 출신인 정자선·정형인 부자에게서 금파에게 전승된 춤으로 그 춤사위가 오늘날까지 대물

림되어지고 있다. 정자선·정형인의 당대에 소문난 춤꾼이라는 사실을 현존하는 예인의 증언을 통해 충분히 알 수 있다. 특히 우리 춤의 멋을 세계에 유감없이 펼쳐 보인 세계적인 무희 최승희가 1931년 3월 전주극장에서 지방공연을 가진 후 정형인의 춤을 보고 우리춤이 가진 멋에 탐닉하게 되었고, 이후 정형인을 직접 찾아와 춤을 배워 새로운 신무용을 모색하였다고 한다. 따라서 전북지역에 이러한 인물이 있었다 함은 오늘날 전라북도가 예도라 불리는 큰 바탕일 것이다.

전체적인 춤의 특징을 보면 굿거리장단에서는 우아하고 담백한 맛이 서려져 있다. 자진모리에서는 진퇴가 활발하며 보법이 다양하고, 세밀하여 춤을 추는 사람이나 관객 모두가 흥분하기에 충분하다. 마지막 굿거리에서는 세상의 희노애락을 초월한 듯 한 선비의 고고함이 표현되어진다.

금파의 한량춤은 대우주를 가슴에 품어, 다시 신명과 흥의 내밀한 공감을 자아낸다. 결국 전주, 이리·남원·정읍 권번에서 시작된 정자선의 미적 정서가 정형인 그리고 금파에 이르러 남성의 기개와 자태를 자연의 춤사위에 담아 정적으로는 멋과 흥이 동적으로는 당당하게 표현하는 고급스럽고 우아한 남성의 홀춤으로 자리하게 된다.

금파의 '한량춤'은 역동성과 남성다움을 간직하고 있는 한국 남성춤의 대명사로 한량의 품격과 자태를 강조하고 있는 예술성이 높은 춤으로 평가 받고 있다. 또한 그 춤사위에서 호남의 여유 있는 산새와 넉넉한 평야지대의 자연적 순응의 모습을 볼 수 있으며, 흥이 넘쳐 흐르는 균형 잡힌 멋을 풀어내는 것이 금파 '한량춤'의 특징이라 하겠다. 경상남도 지정 무형문화재 제3호로 지정된 진주 한량무나 동래 지역에서 한량들이 추던 춤으로 중요무형문화재 제27호 이매방류 승무 이수자 1호인 김진홍에 의해 전승되고 있는 춤들과는 사뭇 다른 멋과 흥을 지닌 춤으로 전북 지역을 대표할 만한 역사적 논리와 예술적 아름다움을 지닌 진정한 전북춤이라 하겠다.

금파 '한량춤'에 나타난 미적 표현과 심성

1) 점과 곡선의 춤

전북지역 한량춤에는 내면에서 우러나오는 역동적인 힘을 바탕으로 한 내면적인 힘의 춤과 한국의 자연 속에 살아온 기와와 지붕, 버선발코, 소맷자락, 향토길 등의 평야지대의 여유로움의 영향을 받아 양팔을 서서히 무겁게 벌려 양 어깨에서 손끝으로 이어지는 원을 그리는 듯한 춤사위가 대부분이다. 그 유연한 능선 속에서는 우주를 포용하는 듯한 세상을 포용하려는 선비의 포부와 고뇌가 보여진다.

2) 철학적 정신세계에 내재된 정중동의 미美

좌정자 숨체, 우족 디딤 몰입체, 우족 돋움 몰입체, 학 쪼기 지슴체, 우족 우수 두상 몰입체 등으로 이 춤사위는 움직이듯 움직이지 않고, 움직이지 않는 듯 하지만 움직이는 듯한 율동 속에 숙연한 멈춤이 있고, 그 멈춤 속에 또 율동이 있다. 이는 수많은 움직임을 하나의 움직임으로 집중시켜 완결된 경지로 춤 한가락으로 응축시킨 춤이 동작과 육체에 국한되지 않은 더 높은 세계에 자리잡고 있어 철학적인 면이 보여진다.

금파의 한량춤은 힘이 응축되어 있고, 구성에 있어서 힘을 응축시키는 형식이지 절대 힘을 밖으로 분산하지 않는 특징을 지닌다.

3) 여백의 미와 자유분방

장단의 연결고리를 더욱 극대화시키면서 엇박을 타는 대목 등은 엄정한 질서 속의 일탈이며 있는 것을 그대로 두면서 전체를 한 번 바꾸어 놓는 은근한 바꿈, 꾸밈은 꾸밈이되 인위적인 것을 거부하는 꾸밈 속에서 새로운 일상성으로 되돌아오는 것이다. 이러한 자연스러운 파격에서 한국의 해학은 비롯되고 푸르르한 웃음이 나온다.

4) 대지의 춤에서 천상지향의 춤으로 승화

한량춤의 디딤체와 까치체는 땅에 뿌리를 굳건히 두고 땅을 디딤으로 땅을 다지며 하늘로 비상하는 춤사위이며(대지의 춤), 천상을 지향하는 한량의 심성이 표현된 춤사위로는 부채 놀림체, 비켜 뛰어 학날개 펼체, 학체 날기 등을 들 수 있다. 이 춤의 기초는 버선발의 사뿐한 디딤새에서 시작되며 감정은 땅바닥에서 헤매는 한 인간이 아니라 학을 생각하게 된다.

5) 역동성의 멋

장단을 먹어주는 대목에서 긴장과 이완의 적절한 배합으로 맺고, 풀고, 어르고, 당기는 묘미가 우족 디딤 몰입체, 지슴체, 세치기 등에서 우리 춤의 특징인 대삼소삼의 기법이 잘 보여진다.

6) 수족상응手足相應의 춤

오른발과 오른손, 혹은 왼발과 왼손이 같이 움직이는 것을 말한다. 이는 실생활에서 오는 농경의 자연 생활 속에 익숙해진 몸동작이 아닌가 보여진다. 예를 들어 모심기를 할 때 오른쪽으로 심을 경우 오른발을 오른쪽 옆으로 딛음과 동시에 오른손으로 모심기를 하는 경우가 있다. 이러한 수족상응의 동작은 자연적인 동작일 수 있는 인간 동작의 한 현상으로서 동작의 가능성과 폭 넓이를 의미한다. 수족족상응의 특징이 이 지역 한량춤에 대부분 보여지는 것은 이 춤이 가지는 즉흥적 요소와 감정을 표출하는 표현성과 관련되어진다. 수족상응 춤사위의 예로는 우수 들어 꺾음체, 좌우족 지슴 전진체, 우족 디딤 양수 엇갈림체, 우족 모둠 몰입체, 우족 돋움 좌우수 평견 맴체 등을 들 수 있다.

금파의 춤 길

1940년 지정학적 조건과 뿌리를 두고 한 소년이 태어난다. 전주에서 보건당 약방을 경영하던 김대완과 박필녀의 장남으로 태어난 금파를 일컬음이다. 본명은 김조균이고 금파金波는 예명이다. 어려서부터 타고난 기량과 끼가 있어서 마을에 약장사들이 올 때면 손님을 끌기 위하여 노래와 춤으로 선전하는 모습을 보고 제 흥에 겨워 따라다니기도 했고 극단이나 예술 단체가 와서 야외에 가설 무대를 설치해 공연을 할 땐 꼭 구경을 해야만 직성이 풀렸던 소년이었다.

그러던 중 중학교 2학년(15) 때 정형인 선생님을 만나 대금을 배우기 시작했으나, 그것이 소질에 잘 맞지 않아 무용반에 들어가 본격적으로 춤을 추게 되었다. 즉 금파는 15세인 1955년에 무용에 처음 입문하였다.

선천적으로 어렸을 때부터 예술적 성향이 짙었고 농악단이나 무슨 유랑 극단이 왔다 하면 보고 와서 거울 앞에서 하나 하나 흉내를 내곤 하던 금파는 명인 정형인을 만나 한국춤과 한국음악을 배우게 된 것을 하늘이 주신 기회라고 말하였다. 민속춤과 삼현육각 농악 등을 가르친 정형인은 춤 소리 악기의 다방면에서 뛰어난 예인이었다. 정형인이 전주농고에서 예능교육을 하게 된 것은 당시 교장으로 있던 강용구 선생이 우리 것을 찾아 조상의 얼을 되살리고자 각 반에서 소질 있는 학생을 선발하여 가르침을 받도록 하기 위해 초빙 교사를 불러왔기 때문이었다.

당시 전주·이리·정읍의 권번에서 예기와 한량들을 지도했던 정자선(일명 과선 갑선)이 있었고 그의 친아들이 정형인이었다. 1995년 작고한 김소희 명창은 동아일보사에서 발행한 〈명인명창〉에서 그를 정성인으로 기억하고 있기도 하다. 금파는 정형인으로부터 5년 동안 무용의 기본이 되는 남무 입춤과 먹장삼을 입고 추는 승무 농악 설장구 소고춤 한량춤 농부가 노래를 부르면서 그 노래에 맞춰 추는 춤 등을 배웠다. 정형인은 가르치는 데 엄격하고 깐깐해서 학생들 사이에서는 '대추씨 선생님'이라는 별칭으로 불리기도 했지만 춤을 추는데 있어서는 대삼소삼大杉小杉을 강조하였고 또한 인위적인 것을 배제하고 꾸밈 없고 수수한 춤을 추라고 가르쳤다. 그 외의 춤의 기법에 있어서는 팔이 너무 위로 올라가도 안되고 조금 처진 듯하게, 또 가슴을 옴아서(도사려서) 추어야 하며, 모나지 않고 둥글어도 원심을 잃지 않게 출 것, 손에 삶은 달걀 한 개를 쥐고 추듯 둥글게 출 것, 제비처럼 가볍게 아니 학의 형상처럼 무겁게 출 것, 손가락 사이를 붙이고 눈빛은 발 근에 두고 출 것을 강조한 예인이었다.

금파는 중학교 3학년 때 경무대 뜰에서 프란체스코 여사와 이승만 대통령 앞에서 흑장삼(먹장삼)을 입고 춤을 추었는데 이 때 잘 춘다는 칭찬을 듣고 더욱 춤에 대한 자신감을 갖게 된다.

고등학교 재학 당시 전국 방방곡곡을 돌아다니며 2개월 이상 순회공연을 했는데, 이 때 역시 정형인이 지도했다. 서라벌 예술대학교 연극영화과에 진학한 그 당시 은방초는 무용 강사로 그 곳에 나오고 있었고, 대학에 다니면서 서울 장안에 있는 무용가들과 어울려 다녔다. 그 시절에는 무용하는 남자가 거의 없었던 탓으로 은방초, 박금슬 등 여러 무용가들의 상대역을 도맡아 하게된다. 또한 설장고를 잘 쳐서 장고 잘 치는 무용수로 자자하였으며, 한영숙 명무가 "너 나한테 춤 배워라"하자 선생의 가방을 들고 쫓아다닐 정도로 오직 춤과 함께 하는 것이 즐거움이었다고 한다. 1960년 대학을 졸업한 금파는 곧바로 전주로 내려와 지방예술의 중요성을 인식 서울에서의 활동을 일시 중단하고 지방무용계 활성화를 위해 전북 전주에서 본격적인 활동을 시작한다. 1961년 10월 4일~5일 제 1회 금파 무용발표회(전주극장)를 시작으로 1975년에는 전북대 무용 강사를 역임했고, 1986년~1994년까지 전북무용협회 지회장을 역임하였으며, 1979년부터 1995년까지 전주시립민속예술단 무용부감에 임명되어 각종 지역 축제와 행사에 참여하였다. 1987년 개천예술제에서 '한량춤'으로 영예의 대통령상을 수상하고 1998년 1월 9일 금파 '한량춤'이 전라북도 무형문화재 제17호로 지정되기에 이른다. 그러나 안타깝게도 전라북도 도립국악원 무용부 교수(1986년~1998년)로 재직하고 있던 금파 김조균은 지병인 간암으로 1998년 12월24일 오전 세상을 떠났다.

금파 김조균은 한량춤 의상을 수의로 해달라는 유언을 하였고, 장모인 황금순이 손수 한량춤 수의를 만들어 입혀 아쉬운 이별을 고했다. 또한 1998년 10월 30일 전주덕진예술회관에서 펼쳐진 전라북도 무형문화재 공개 발표회(전주시 보유)에서 죽음을 눈 앞에 두고도 힘겨운 몸을 이끌고 출연한 금파는 한량춤 부채를 전하는 대물림의식을 거행한 뒤 무대를 떠났다.

고故 금파 김조균은 전라북도의 문화예술을 위해 헌신적인 노력과 열정이 남달랐을 뿐만 아니라 전라북도의 춤인재 양성을 위해 평생을 몸 바쳤으며, 명무 정자선·정형인 부자의 유일한 춤 계승자로 남무, 삼현육각승무, 호적구음살풀이춤, 한량춤, 전주검무 등을 전수 받아 전북을 한국춤의 본향으로 각인시켰다.

| 해설 2 |

한국 현대 장편 시조의 한 절정
— 장욱 시인의 『시조로 쓴 한량춤 조선 상사화』의 시세계

김익두(문학평론가, 전 전북대 국문과 교수)

1. 시적 비전으로서의 '풍류風流'

이 시조시집은 우리가 현재 만날 수 있는 한국 현대 시조의 드높은 한 절정이다. 장욱 시인의 이번 시집은 이런 면에서 우리의 주목을 끌기에 충분하고도 남음이 있다. 그것은 다음과 같이 여러 면에서 구체적으로 이루어지고 있다.

이 시집에서 무엇보다 먼저 주목되는 점은 이 시인이 드러내고 있는 '시적 비전'이다. 이 시인은 놀랍게도 자기 시의 중요한 시적 비전으로 '풍류風流'를 지향하고 있다. 이것은 고래로부터 우리나라 사상/비전의 근원으로 이룩된 것으로서, 일찍이 남북국시대 통일신라 말기에 고운 최치원이 그의 「난랑비서문」에서 밝힌 "나라에 현묘한 도가 있으니, 이를 가리켜 '풍류風流'라 한다. 그 가르침을 베푼 근원은 선사仙史에도 상세히 갖추어져 있는데, 실로 그 안에는 3교三敎를 포함하고

있고, 이에 접하여 화하게 되면 무릇 생명들이 살아나는 것이
다國有玄妙之道 曰風流 設敎之源 備詳仙史 實乃包含三敎 接化群生"라
고 한 그 '풍류'를 말한다. 이 시인은 이 우리 고래의 '풍류'를
자신의 가장 핵심적인 시적 비전으로 삼아 추구하고 구현하
고 역동화 하고 있다.

2. 대상/매재로서의 '한량춤'

그가 풍류의 비전으로 노래하는 시적 대상은 '전라도 한량
춤'이며, 특히 정자선 → 정형인 → 금파 김조균 등으로 이어
져 내려온 정읍의 한량춤 전 과정이다. 정읍은 우리나라 호남
일대 풍류의 본고장으로서, 일찍이 남북국시대 말기에 태산
[지금의 정읍시 산외면, 칠보면 일원] 태수로 부임해 와서, 지금의
이 지역 칠보면 무성리 남전 마을 앞 물가에 유상곡수流觴曲水
[물이 굽이굽이 천천히 휘돌아 흐르게 만들어 놓고 그 주위에 풍류객들
이 둘러앉아 시를 읊으며 곡수에 띄운 술잔을 들어 마시는 일종의 풍류
놀이 장소]를 이루어 놓고 풍류를 즐긴 이래, 그 유풍은 고려시
대를 지나 이곳에 정착해서 일생을 마친 불우헌不憂軒 정극인
丁克仁(1401/태종 1~1481/성종 12)이 이를 계승하여, 그의 유명한
우리나라 최초의 가사문학 작품 「상춘곡賞春曲」을 지으며 풍
류로 유유자적한 곳이다.

이러한 정읍의 풍류문화風流文化 전통은 정읍은 물론이고

인근의 담양, 부안, 고창, 전주 등지로 퍼져나가, 담양의 면앙정 송순, 송강 정철, 부안의 이매창, 고창의 동리 신재효, 전주의 각종 풍류예술을 등을 낳게 하였다.

그 중에서 춤의 계보를 보아도, 오늘날 전해지고 있는 한영숙류 승무, 정자선류 한량춤, 정자선류 수건춤/살풀이춤 등이 모두 정읍에서부터 시작된 것으로 알려져 있고, 오늘날 국가무형문화재가 되어 있는 향제줄풍류도 정읍에서 먼저 이루어져 익산, 구례로 퍼져나간 것임은 아는 사람은 다 아는 사실이다. 한영숙류 승무는 정읍의 가장 큰 무계 집안 출신 전계문에게서 한영숙의 조부 한성준이 배워간 것이고, 정자선류 한량춤은 정읍의 정자선에게서 나와 그의 아들 정형인에 의해 전주농고 예술반 학생들에게 전수되어, 오늘날 금파 김조균, 국수호 등에게로 전해졌다.

이 중에 이번에 장욱 시인이 그의 시적 대상으로 삼은 '한량춤'은 바로 정읍에서 나온 이런 정자선계 한량춤이다. 장 시인의 이러한 시적 모색은 아마도 본인의 고향이 정읍인 관계로 어려서부터 자신의 골수에 사무치게 배어온 것임을 짐작케 한다.

3. 구성의 묘와 장대함

장 시인은 이 정자선계 한량춤의 전체 과정을 시적 표현의 중심 제재로 삼고, 이에 따라 시의 전개도 이 한량춤의 전개 과정에 따라 전개하고 있다. 이 춤은 '내고 달고 풀고 맺는' 이른바 기승전결의 전통 국악/풍류 구성 방법에 따라, 처음에는 '늦은굿거리' 장단에 맞추어 흥겹게 저정거리며 시작해서 빠른 '자진모리' 장단으로 넘어가 굿거리 장단에서 내고 달고 온 풍류를 마음껏 약동시킨 다음, 그것을 다시 '굿거리' 장단으로 서서히 풀어 가라앉혀 맺는 구조로 이루어져 있다. 이에 따라 이 시집의 전체 구성도 서사, '제1부 굿거리 1~42장단', '제2부 자진모리 1~44장단', '제3부 1~5장단'으로 짜놓아 전체가 총 4부로 되어 있다. 그리고 이 각 장단별로 달라지는 춤사위들을 각 장단별 시의 제목으로 붙여놓고, 그 장단별 춤사위 제목별로 배치된 시/시조들의 소제목들을 따로 붙여놓고 있다.

이렇게 해서, 장 시인은 이 시조시집을 정읍 정자선계 금파 김조균의 한량춤 전체 과정을 노래하는 구조로 짜되, 가장 큰 전체 구조는 장단 진행 과정에 서사, 제1부 굿거리 장단, 제2부 자진모리 장단, 제3부 굿거리 장단 등 총 4부로 짠 다음, 각 부마다 구체적으로 전개되는 장단과 장단 전개별로 달라지는 춤사위들을 그 세부에 구체화시켜, 서사 7수, 제1부 42장단/42춤사위별로 3~7수(총 142수 정도), 제2부 44장단/44춤사위별로 3~17수(총 146수 정도), 제3부 5장단/5춤사위 통합 총 11수 등으로 장대하게 짜놓고 있다.

이처럼, 이 시집을 그 시적 구성 면에서 매우 복잡·미묘하고도 장대한 구조로 되어 있으며, 이에 따라 어떤 풍류적 역동성도 아울러 구현하고 있다. 이 시집을 제대로 읽는 데에는 이러한 이 시집의 구성의 묘와 그 장대함을 미리 알아둘 필요가 절대적으로 있다.

4. 내용의 이중성과 그 복합성

이 시집의 구성은 앞에서 언급한 바와 같이 복잡·미묘하지만, 그 내용적 다의성 문제도 여기서 언급이 필요할 것 같다.

이 시집/시조집은 전체적으로는 앞서 언급한 바와 같이 정자선류 금파 김조균의 '한량춤'을 노래하는 과정으로 구성이 짜여져 있지만, 그 내용 면에서 보면 이중적인 면모가 드러나고 있다. 즉, 이 시집은 표면적으로는 정자선류 금파 김조균의 '한량춤' 전 과정을 노래하는 것으로 되어 있지만, 그 정조와 의미들을 구체화하는 시적 양식은 우리나라 전통 정형시 시가 양식인 '시조'이다. 이러한 시적 구성의 이중성은 이 시집이 가지고 있는 그 구성적 다층성의 또 다른 중요한 측면이다. 즉, 이 시집은 겉으로는 금파 김조균의 '한량춤' 전 과정을 노래하는 시집으로 이루어져 있지만, 그 내부의 실제적인 구성은 우리나라 전통 정형시가인 시조 양식으로 짜여져 있다.

그런데, 이 시조 양식으로 이루어진 내부 구성을 자세히 들여다보면 다시 한 번 놀라운 점이 발견되는데, 그것은 세부 구성 시조들이 단순히 우리가 익히 알고 있는 평시조 형태만을 활용한 것이 아니라, 평시조·엇시조·사설시조 등 기존의 모든 시조 형태들을 모두 두루 활용하고 있다는 것이다. 이러한 이 시집/시조집의 세부 구성 방법은 이 시집에서 시인이 구현하고자 하는 복잡·미묘하고 장대한 '호남풍류' 세계의 시적인 구현을 위해 필연적으로 귀결된 조건으로도 보인다. 그 한 사례를 보기로 하자.

오른 발 비켜 찍고
투구봉에 올라라

남천 물자락 속에 잠긴 그윽한 그늘 아낙들은 무엇을 빨아 널었을까 내 마음에 드리운 하늘 색고운 구름을 길어 올려 먼 그리움을 두들겨 패댕이쳐 보았을까 꽃가마 낙화하던 각시바우 서방바우 엉켰다 풀려온 바람 한 자락을 쭉 찢어 파랑지 깊은 여울에 휘젓어 보았을까 물 속 혼백의 넋을 빨아 희고 고운 날빛으로 표백할 수 있었을까 세월은 이끼 속에 푸르거니 싹둑 잘라내지 못한 첫사랑의 지긋한 눈빛을 탈탈 털어 말려 본들 다섯 간 홍교 다리 난간에 걸쳐 웃고 있을 뿐

좌우수 평견 맴체로, 내 가슴
꽃밭을 밟는 붉은 버선발
　　－(굿거리 11장단, 좌족 돋음 좌우수 평견 맴체)
　　　　　　　　　　　「남천 빨래터」 전문

　이 시는 전통 사설시조 형태를 활용하여 오늘날의 시적 정서를 표현한 것인데, 이러한 사설시조 활용 방식은 이 시집의 곳곳에서 현대적 표현을 위해 적절히 구현되고 있다.

5. 행연行聯 배치의 자유로운 확장과 파격

　또한, 시의 행연行聯 배치도 가람이 계승한 3장식 시행 배치에서 벗어나 시조 한 장을 두 행으로 배치하는 방식도 적절히 활용한다. 즉, 기존의 전통적 시조 시행 배치 방식은 초장·중장·종장을 각각 한 행으로 구분하여 벌여 놓는 방식인데, 이 방식은 시조의 한 장을 2~3행으로 나누어 기술하고, 1수의 시조를 3연으로 구별하여 기술하는 방식이다.
　이러한 시조시의 시행 구분 방식은 일찍이 가람 선생이 각별히 아끼던 전남 영광 출신 제자인 조운曺雲이 이미 시도한 바 있다. 다음을 보자.

손가락 모돠 쥐고
비비다 꼬다 못해

질항을 버쩍 들어
메부치는 마음으로

훤한 들 바라다 보며
시조 한 장
부른다.

― 「시조 한 장」 전문[1]

 이상의 시조는 1951년 5월 15일자 『가람일기』에 이 시조집 원고가 사라졌다는 기록으로 보아, 1951년 당시에 이미 이 시조집 원고가 탈고·정리되어 있었음을 알 수가 있다. 이 시조의 행배치를 보면, 평시조의 초장·중장·종장을 각각 다른 시연詩聯으로 벌여 배치하고 있다. 이러한 시도는 이처럼 일찍이 1940년대 후반~50년대 초반에 이미 조운 시인 등의 선배 시인들에 의해 시도되었고, 또 상당한 시적인 성공을 거두고 있다. 장 시인도 이와 같은 시의 행연 배치 방식을 다음과 같이 활용하고 있다.

---

[1] 「현대시조 3인집」, 『가람 이병기 전집』 1, 전주 : 전북대학교 출판문화원, 2017, 221쪽 참조.

찰라, 꽹과리가
어둠의 끝을 부순다

남도 시나위
속울음을 터뜨린다

금파류 전주 한량춤
목숨 한 가닥을 깨운다
　　-(굿거리 1장단, 좌정자 숨체) 「어둠의 끝」 일부

  시의 행연 배치는 이런 정도에 그치지 않고 좀더 파격적인 방향으로도 나아간다. 다음을 보자.

풍류 한량아
태평소 쇠나팔
격한 울림 속에
동진강 깊은 고뇌
푸른 술띠를 묶어 매고
흰 도포 큰 갓 쓴 풍류 한량아
우족 디딤으로 서서

어디를 보는가
어디를 향하는가

들끓는 생각도
겹겹이 겹쳐 접어
합죽선 한 줄기 눈빛으로
비켜 든 그리움인데

생의 바큇살이
엇갈림체로 돌고 돌아
하늘이요 땅이요
혼돈의 바람이거니
발끝에 이르러서야
춤은 시작될 뿐
　　　-(굿거리 2장단 우족 디딤 우수 반비켜들기)
　　　　　　　　　「풍류 한량아」 전문

  이 시의 행연 배치를 보면, 앞의 시와는 또 상당히 다르다. 그래서 이 시조는 겉으로 보면 시조인지가 바로 파악이 안 되지만, 자세히 읽어보면 시조임을 알게 된다. 실제로는 평시조 형태의 시조 3수를 각 수별로 6행으로 배열한 것이기 때문이다. 이러한 장 시인의 시 행연 배치 방식의 다양한 전개는 시조시가 가지고 있는 정형적 정태성을 그 시각적 배치 면에서 활성화 하고자 하는 오랜 동안에 걸친 시적인 고민과 노력의 결과이다.

  또한, 전체적으로 '한량춤'을 노래한 연작 시조라는 통일

성을 가지면서도, 부분적으로는 각 시편마다에 소제목을 붙여놓아, 각 시편들의 독립성을 분명하게 함으로써, 소제목이 붙은 각 시편들을 따로 떼어놓으면 각기 독립된 시편이 되도록 하였다. 다음을 보자.

어둠의 끝
찰라, 꽹과리가
어둠의 끝을 부순다

남도 시나위
속울음을 터뜨린다

금파류 전주 한량춤
목숨 한 가닥을 깨운다
　　－(굿거리 1장단, 좌정자 숨체)「어둠의 끝」일부

이처럼, 일련의 각 편마다 소제목을 붙여둠으로써, 전체적으로는 '한량춤'을 노래한 연작시이지만, 각 편별로 보면 그 각 편들마다 독립된 일련의 시편들로 구성되도록 하는데 기여하고 있다. 이러한 시적 구성의 면밀함도 이 시집이 구현한 독특한 면모로 보인다.

장 시인은 이런 식으로 평시조 행연行聯 배치 방식의 개선에서 훨씬 더 멀리 벗어나, 현대적 감수성과 좀 더 확장된 현대시적 정서 표현을 위해서 이상과 같이 그 형식적인 면에서 다양한 방식들을 역동적으로 적절히 활용하고 있음을 보게 된다.

6. 장 시인이 노래하는 '전라도 풍류'의 폭과 깊이
  : '한량춤'을 통해서 드러나는 전북의 역사 - 문화적 정체성

 장 시인은 이번 시집에서 무엇에 관심을 집중하고 있을까? 그것은 시인이 태어나 몸담고 살아온 고향, 전라도 풍류의 본고장 '정읍'을 중심으로 하는 우리나라 특히 호남의 역사 - 문화적 정체성 특히 '풍류적 정체성'이다. 이를 집중적으로 추구하기 위해 장 시인은 전북의 주요 역사 - 문화적 소재들을 두루 호명하여 시의 장으로 불러들이고, 그것들에 풍류적 의미와 활력을 불어넣고자 한다.
 그래서, 장 시인의 이번 시집을 겉으로는 정형인계 금파 김조균의 '한량춤'이지만, 그것을 '한량춤' 자체로만 표현하려 하지 않고, 이를 통해서 전북의 문화적 정체성을 풍류사적 관점에서 힘차게 노래하고 있다. 우선 앞에서 예로 든 이 시집의 본사 두 번째 시인 '(굿거리 2장단 우족 디딤 우수 반비 켜들기)「풍류 한량아,」'란 시를 보면, 먼저 '풍류 한량'을 호명해 들이고 있으며, 이를 시작으로 이 시집 전체가 일종의 '전라도 풍류'라는 관점에서의 전북 역사 - 문화 정체성을 인

식하고 이를 역동화 하는 과정으로 전개되고 있다.

그렇기 때문에, 이 시집에서는 전북의 주요 역사-문화적 소재들과 사건들이 두루 호명되며, '금과 한량춤'에 의해 풍류적인 활력으로 살아 춤추어지게 된다. 이를 위해 장 시인은 전북의 수많은 주요 역사-문화적 소재들을 동원하고 있다. 이를 처음부터 대략만 살펴보아도 다음과 같다.

>정읍의 동진강, 부안의 직소폭포, 김제 만경평야, 고창 천연기념물 이팝나무, 모악산/엄뫼, 김제 벽골제·신털뫼·되배미, 백제 비류왕자, 전주부성·사마교/다가교·전주 합죽선, 전주8경, 전주 용머리고개·용머리 대장간, 전주 덕진연못 및 가련산, 전주 남천 빨래터·전주천 상류 각시바우, 풍류가객 정자선·정형인 부자, 전주 남고산성 만고대, 정읍 태인 피향정 및 거산뜰/태인뜰, 김제 심포항, 진안 마이산 및 청실배나무, 남원 인월 피바위, 곰티재, 전라 의병, 진안 평지리 아팝나무, 만경강, 완주 삼례뜰, 삼례 비비정, 정읍 안의·손홍록, 전주 오목대·남천/말씻내/세마천·제월당, 순창 강천산 및 회문산 빨치산, 기전여고 3.1운동, 백양사 및 백양꽃, 전주부성, 전주8경, 전주 남천·건지산·곤지산·황방산, 완주 위봉폭포, 완주 용진 만가리천, 완주 마그내 선창, 회안대군 유배지, 전주 물왕멀·견훤궁 성터, 전주 인후동 도당산, 전주 남고모종·초록바위, 전주 곤지봉 흡월대, 전주8경 곤지망월, 전주 송정산 곰솔, 전주 삼천(구이

천·광곡천·황소천), 전주 완산칠봉 및 금송아지바위, 전주 승암산·건지산, 전주7봉, 창암 이삼만, 전주 인동장씨 효자 정려, 전주 삼천동 가랑비, 익산 미륵사지 및 미륵산, 전주풍수(행주형), 전주 금암산 거북바위, 정형인 춤, 정읍 입암산·두승산·상두산·백양산, 정읍 향제줄풍류, 모악산, 부안 채석강·우금산성, 정읍 최치원·정극인, 정읍 고현동향약 등등.

이상과 같은 시적 소재들은 장 시인이 자신의 '풍류 세계'를 시적으로 전개하는 전북의 주요 역사–문화적 소재들이며, 이 소재들은 금파 김조균의 정자선제 '한량춤'의 전체 과정을 따라서 차례차례 시화되고 풍류화 되면서, 이 시집 속에서 '전라도 한량춤'으로 살아 약동하고 있다.

7. 현대적 정형시의 새로운 모색과 그 고통 : 시적 성공의 높이와 경계

이 시집은 앞서 여러 면에서 언급한 다양한 모색과 그 결실로 인해, 오늘날 현대 시조시 양식으로 이룩해낸 가장 다양다기하고 장대하고 역동적인 현대 시조시의 한 절정의 지평을 구현하고 있다.

그런데, 이 시집에서는 이러한 한국 시조시의 현대적 개혁 작업 과정에서 맞닥뜨리게 되는 시인 자신의 고민을 보여주는 시들도 있어 또한 우리의 흥미를 끈다. 그 대표적인 사례는 '제2부 6~7장단 (양반 맴체로 대삼소삼 걷기) 「유수체, 당신의 홑춤」'이란 일련의 총 21수의 장대한 연작 시조 부분이다.

이 작품을 통해서 장 시인은 아마도 금파 김조균 '한량춤'의 정수를 전북이 낳은 우리나라 조선 후기의 최대 서민 명필 창암 이삼만의 유수체 서예에 비유해서 표현하고자 하고 있다. 그만큼, 이 장편 연작 시조 부분에서 장 시인의 피나는 현대 시조사적 노력의 정수들이 번득이는 한편, 그런 작업의 경계가 어디인가도 여실히 보여준다.

이 21수의 연작 시조에서 장 시인은 우선 그 시 형태 면에서 평시조・엇시조・사설시조 등 기존의 시조 형태를 모두 동원한다. 평시조 형태가 15수, 엇시조 형태가 3수, 사설시조 형태가 3수 정도로 나타나고 있다. 이 중에 14수와 17수는 엇시조 형태로 나타나고 있다. 그 사례를 보면 다음과 같다.

> 창호지 사이로 서로의 운이 흘렀다
>
> 창암은 운치라 말하고 추사는 신운이라 대답했다 달빛의 기침 소리인 양 낡은 툇마루 우에도 대가들의 심획이 묘경을 넘나들고 있었다 신에 이르지는 못한 듯
>
> 뽕잎 위 누에처럼 뒤척이며 잠을 기다리고 있었다
>
> ―「유수체, 당신의 홑춤」 17수

이러한 사례들은 장 시인이 전통 정형시로서의 기존의 시조 양식을 그 판에 박힌 평시조 정형 형태에 얽매이지 않고 기존의 모든 시조 형태들을 두루 활용함으로써, 시조의 현대적 표현력과 시적 자유를 최대한으로 추구하고 있음을 보게 된다. 다음은 그런 사례이다.

> 전주천 갈대숲을 솟아오른 흰 학은 한량춤
> 무너진 조선 흔적 없는 선비의 혼이 한 줄기 깃으로 허공 중에 섰다 홑춤의 몸짓이었다 햇빛에 비껴 날아오른 학의 날개는 창공에 닿았다 통령의 비명으로 마음은 글자의 획으로 섰다 굵고 가늘고 성기고 밀하게 날줄과 씨줄로 정커덩 베틀 위에서 달빛 가닥을 꿰어 맞추었다 필획은 어느 바람의 향방을 따라가지 않았다 묵상 중에 묵상이 깊을 뿐 학의 흰 몸체는 모든 깃털을 날려 자유가 되었다
> 또 다시 돌아든 빈 나뭇가지 정갈히 앉은 해서체
> ―「유수체, 당신의 홑춤」 18수

이러한 시조 형태면에서의 다양한 모색과 추구는 구태의연한 사고에서 비롯된 것이 아니라, 이 시인이 오늘날 그의 시의 표현 현장에서 맞닥뜨리게 되는 표현 대상의 성격과 특성에 기인하는 것이다. 즉, 그것은 이번 시집에서 시적 표현의 대상이자 주제인 정자선계 금파 김조균의 '한량춤' 전 과정을 종합적으로 표현해내면서, 또한 그 안에다가 '전북/호남

의 역사-문화적 정체성'과 '호남 풍류'를 복합적으로 구현해내어야만 하는 어려운 시적 작업으로 나아가고 있다는 데에 기인하는 것이다. 특히, 이 「유수체, 당신의 홑춤」이란 부분에서는 이 시집의 주제인 정자선계 금파 김조균의 '한량춤'의 풍류적 정조를 가장 드높이 집중적으로 구현해내어야만 하는 부분이기에, 이런 시적 표현의 난공難攻이 개입하게 되는 것이라 볼 수 있다.

앞에서도 잠깐 언급한 바 있지만, 시의 행연行聯 배치 면에서도 다음과 같이 상당한 자유로움을 구가하고 있다.

> 세대가의 글씨를 밤낮으로 눈에 익히고
> 만 번이나 써 봤으나 재주가 모자란 탓인지
> 선생은 그 진경에 이르지 못함을 탄식했노라
> 종이가 금싸라기처럼 품귀한 사정이라
> 기름에 갠 분을 바른 분판에 의존했으나
> 글자의 획이 뜻대로 나아가지를 아니했다
> ―「유수체, 당신의 홑춤」 4수

이 부분은 이 시조의 중장 부분이 길어진 엇시조 혹은 사설시조 형태인데, 이것의 시행 배치를 마치 오늘날의 자유시 형태로 배치함으로써, 시조시적 정형의 제약성을 좀 더 멀리 벗어나고자 하고 있다.

그러나 이와 같은 이 시집의 자유로운 추구는 전체적으로는 우리의 전통 정형시가인 '시조'라는 양식에 근거하고 있으며, 그런 양식적 범위에서 벗어나지 않으면서도 이 양식을 현대시의 영역으로 가장 높고 드넓은 지평으로 심화·확장하고자 하고 있음을 보게 된다. 우리는 오늘날의 우리 시단에서 이루어진 이러한 피나는 노력의 결실을 주목하지 않을 수 없게 된다.

8. 몇 가지 첨언

우리가 오늘날의 현대시 현장에서 추구하는 길은 그 형식/양식 면에서 대체로 2가지의 길이 있을 것이다. 그 하나는 기존의 전통적 양식을 오늘날의 시 현장에서 적극적으로 활용·변이하는 방향이고, 다른 하나는 기존의 전통적 양식을 아예 버리고 새로운 시적 정형화의 방향을 추구하는 길일 것이다. 이 두 가지 방향 면에서 볼 때, 우리 시단에서는 대체로 전자를 대표하는 계열이 가람 이병기 선생 계열이 추구하는 방향이고, 후자는 아마도 미당 서정주 선생 계열로 보인다. 이런 방향을 일찍이 가람은 자신의 유명한 일련의 논문 「시조는 혁신하자」라는 글에서 자세히 논의한 바 있으며, 미당은 이런 정형화의 문제를 그의 『한국의 현대시』(서울 : 일지사, 1988)라는 저서에서 분명하게 밝힌 바 있다.

그렇다면, 오늘날의 현대시 현장에서 우리는 어떤 계열에 서서 시적인 작업을 할 것인가 하는 문제에 스스로 맞닥뜨리게 된다. 그것은 아마도 1차적으로는 '선택'의 문제일 수도 있고, 다른 관점에서 보자면 먼저 전자/가람 계열의 고민들을 전제로 해서 후자/미당 계열의 형식/양식적 모색의 방향으로 혹은 그 반대의 방향으로 나아가야만 할 것이다.

이런 관점에서 볼 때, 장 시인은 전자/가람 계열에 서서 시적 작업을 부단히 줄기차게 추구해온 가장 대표적인 시인이라 할 수 있다. 이런 양식적 정형 혹은 정형화 작업의 문제는 전자 계열의 시인이든 혹은 후자 계열에 서 있는 대부분의 시인이든 간에, 모두 깊이 되새기고 깊이 체득해 나아가야만 할 필수적인 수련 과정이요, 우리 시의 미래적 발전을 위해서도 반드시 거쳐 나아가야만 할 필연적인 과정이 아닐 수 없겠다.

이 외에, 여기서 따로 언급하지 않은 이 시집의 여러 가지 예술적 성취의 문제는 독자 제현님들의 몫이자 필독의 행복으로 남겨두어야 하겠다. 이 글이 이런 행복을 위한 작은 계기가 되기를 바랄 뿐이다.

이런 저런 여러 면에서, 이번에 장욱 시인이 우리 시단에 내놓게 되는 장편 시조시집 『시조로 쓴 한량춤 조선 상사화』는 우리 시단에서 길이길이 빛날 '한국 현대 장편 시조의 한 탁월한 절정'이라 아니할 수 없다. 이러한 어렵고도 오랜 시간이 걸리는 고통스러운 시적 작업의 성취를 이룬 장욱 시인께, 마음으로부터의 깊은 축하와 감사를 드린다.

본 도서는 (재)전라북도문화관광재단 2020년 지역문화예술육성지원에
선정되어 보조금을 지원 받은 사업입니다

문예시선 008
시조로 쓴 한량춤 조선상사화

초판1쇄 발행 2020년 10월 20일

지은이 장욱
펴낸이 오경희

편집·디자인　오경희·조정화·오성현·신나래
　　　　　　　박선주·이효진·최지혜·석수연
관리 박정대·임재필

펴낸곳 문예원
창업 홍종화
출판등록 제2007-000260호
주소 서울 마포구 토정로 25길 41(대흥동 337-25)
전화 02) 804-3320, 805-3320, 806-3320(代)
팩스 02) 802-3346
이메일 minsok1@chollian.net, minsokwon@naver.com
홈페이지 www.minsokwon.com

ISBN　979-11-90587-13-6　04810
　　　979-11-965602-2-5　SET

ⓒ 장욱, 2020
ⓒ 문예원, 2020, Printed in Seoul, Korea

저작권법에 의해 한국 내에서 보호를 받는 저작물이므로
무단전재와 복제를 금합니다.
이 책 내용의 전부 또는 일부를 이용하려면
반드시 저작권자와 문예원의 서면동의를 받아야 합니다.
이 도서의 국립중앙도서관 출판시도서목록(CIP)은
서지정보유통지원시스템 홈페이지(http://seoji.nl.go.kr)와
국가자료공동목록시스템(http://www.nl.go.kr/kolisnet)에서 이용하실 수 있습니다.
(CIP제어번호 : CIP2020039994)

책 값은 뒤표지에 있습니다.
잘못된 책은 바꾸어 드립니다.